図解でわかる！ 儲かる！ 株の教科書

岡崎良介（金融ストラテジスト）
鈴木一之（証券アナリスト）

まえがき

「人の行く裏に道あり花の山」

こんな格言が昔から株式市場にあります。人とは異なる選択を取ることで大きな収穫を得ることができる、という相場の極意を表したものですが、本当に誰も行かない裏道を進もうとすれば、それは大変勇気のいる話です。ましてや初めて山に登ろうとする人に、いきなり裏道を行きなさいというのは、誰かが道筋を教えてあげないと土台無理な話です。さらに、実際に人とは違う道を進み始めれば、そこから先は孤独との戦いになります。

「だからこそ明るく笑って励ましあいながら、道なき道を進んでいこう」。そんなことを考えながら、2012年8月にスタートしたのが、投資情報番組『マーケット・アナライズ』です。

放送を開始した当初、まだ日本株は反騰の兆しも見せず、辛うじて為替市場だけが何とかその前年に円の大天井・ドルの大底を記録したところでした。

月日の経つのは早いもので、あれからもう2年が過ぎました。増税と言う重い荷物を背負ったアベノミクスは2年目の試練の時を迎え、米国ではいよいよ金融政策の正常化へ向けた動きが始まっています。日本株はその内側から大きな地殻変動が起こり、これまであまり注目されなかった投資尺度や資本政策が、重要な投資判断基準として注目されています。多くの人たちのために、本格的に裏道を上っていくための、本当に役に立つガイドブックが必要となってきました。

この本は、株式投資において、一体、何が大事で何が大事でないのか、一度きちんと整理してみようと、番組の仲間である、鈴木一之さんと櫻井彩子さんの3人で知恵を絞って書き上げた作品です。重要と思われる過去のデータを挿入し、目の前のテーマから中長期的な展望まで、自在に利用できるよう工夫を凝らしたつもりです。小ぶりな体裁ですが中身はぎっしり詰まっていますので、どうぞ最後まで見落としのないようにしっかりと読んでください。

そして、これは私の行うセミナーのいつものスタイルなのですが、この本をこれから読まれる前に、最初に一番大事な答えを書いておきます。株式投資で成功しようとすれば、合理的な答えを知っていながら、あえてそれを隠して群集心理と言う得体のしれないものとつき合っていく術を学ばなければなりません。勉強をしすぎれば、この術が目に入らなくなります。さりとて、勉強しなければ合理的な答えは見えてきません。

この相異なる2つの両立が、この本の目指すところです。

岡崎良介

『図解でわかる！ 儲かる！ 株の教科書』の読み方

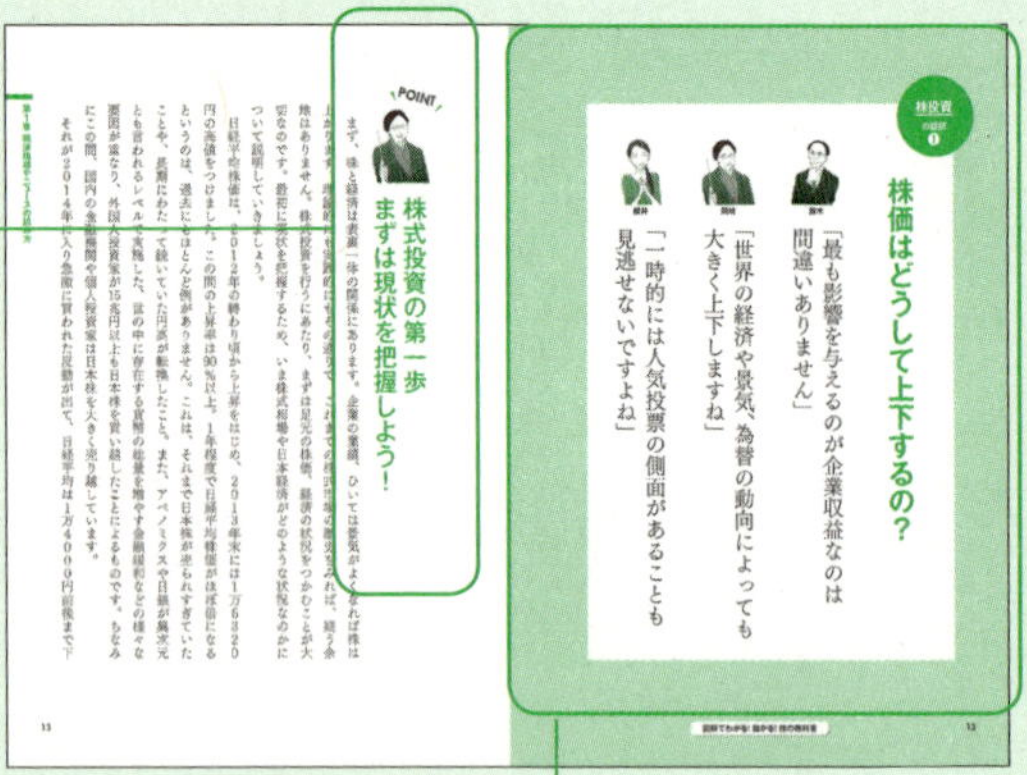

岡崎氏・鈴木氏が教える、株式投資で儲けるポイント

株式投資を行ううえでの素朴な疑問を、３人の掛け合いで端的に説明

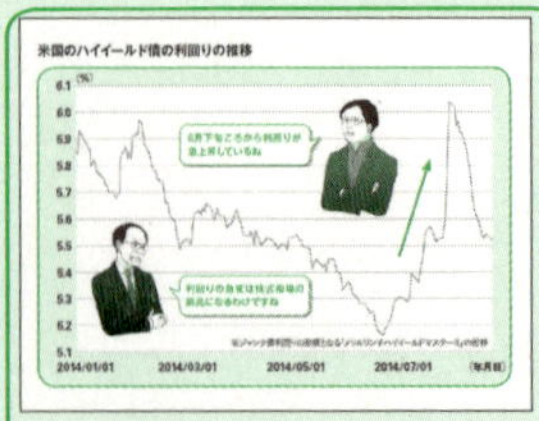

重要ポイントを、過去のデータやイラストを用いてわかり易く図解

株初心者を勝てる投資家へと導く指南役

櫻井彩子

投資情報番組『岡崎・鈴木のマーケット・アナライズ』でアシスタントを担当するフリーアナウンサー。株初心者ということもあり、読者と同じ目線で一緒に勉強していきます

鈴木一之

冷静な分析とわかり易い解説で、多くのファンを持つ証券アナリスト。例え話を交えてレクチャーする、視点の切り替えひとつで勝てる投資家になれるヒントは必見！

岡崎良介

株式市場に昔から伝わる格言、「人の行く裏に道あり花の山」がピタリとハマる、目からウロコの思考法を、あますとこなく伝授してくれる金融ストラテジスト

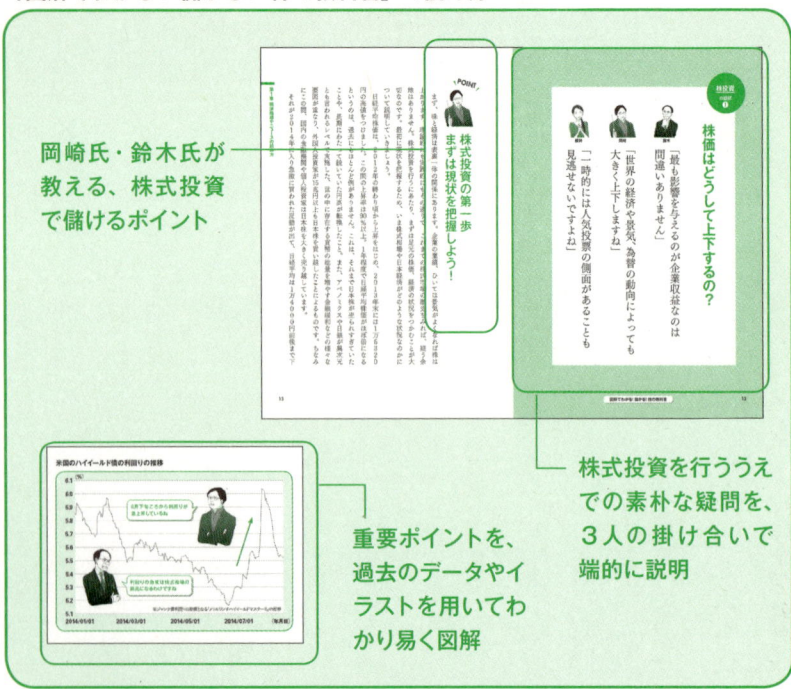

目次

図解でわかる！　儲かる！　株の教科書

第1章 経済指標やニュースの読み方

第2章 これさえやっておけば大丈夫! 株式投資の基本

第3章 金融商品を買ってみよう！

第4章 〝くりっく株365〟を使った投資術

第1章

経済指標やニュースの読み方

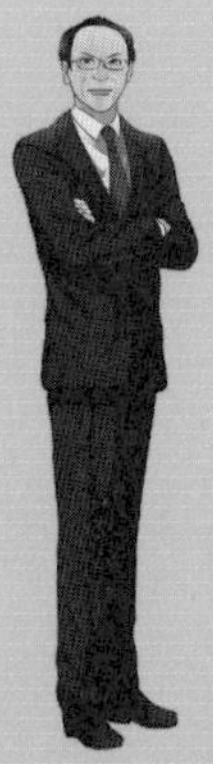

株投資の疑問 1

株価はどうして上下するの？

鈴木

「最も影響を与えるのが企業収益なのは間違いありません」

岡崎

「世界の経済や景気、為替の動向によっても大きく上下しますね」

櫻井

「一時的には人気投票の側面があることも見逃せないですよね」

株式投資の第一歩 まずは現状を把握しよう！

まず、株と経済は表裏一体の関係にあります。企業の業績、ひいては景気がよくなれば株は上がります。理論的にも実践的にもその通りで、これまでの株式市場の歴史をみれば、疑う余地はありません。株式投資を行うにあたり、まずは足元の株価、経済の状況をつかむことが大切なのです。最初に現状を把握するため、いま株式相場や日本経済がどのような状況なのかについて説明していきましょう。

日経平均株価は、２０１２年の終わり頃から上昇をはじめ、２０１３年末には１万６３２０円の高値をつけました。この間の上昇率は90％以上。１年程度で日経平均株価がほぼ倍になるというのは、過去にもほとんど例がありません。これは、それまで日本株が売られすぎていたことや、長期にわたって続いていた円高が転換したこと。また、アベノミクスや日銀が異次元とも言われるレベルで実施した、世の中に存在する貨幣の総量を増やす金融緩和などの様々な要因が重なり、外国人投資家が15兆円以上も日本株を買い越したことによるものです。ちなみにこの間、国内の金融機関や個人投資家は日本株を大きく売り越しています。

それが２０１４年に入り急激に買われた反動が出て、日経平均は１万４０００円前後まで下がりました。しかし、その後はじりじりと上昇を続け、再び昨年末につけた1万6320円をうかがう動きとなっています。はたして、このまま日本株は上がり続けるのでしょうか。

少し難しいかもしれませんが、まずは我々がテレビやラジオでも説明した内容を少し文章にしてみます。わからないところには、丸を付けながら読んでみてください。

米国が金融引き締めに舵を切るタイミングに注目する

7月末から8月上旬、順調に上昇していた日本の株式相場に気になる動きがありました。日経平均が7月31日に1万5759円の高値をつけた後、8月8日には1万4700円台まで急落したのです。一部では、ウクライナや中東情勢の悪化によって「地政学的リスク」が高まり、それにより株が売られたという、〝もっともらしい〟理由が報じられていました。この「地政学的リスク」については後述しますので、8月上旬の株価の下落に話を戻しましょう。

実は、相場が転換点を迎えそうな兆候は、6月の後半頃から見えていました。その兆候とは、米国のハイ・イールド・ボンド（ジャンク債）の利回りが急上昇（価格は下落）を始めたこと。ジャンクとは「がらくた」や「紙くず」という意味で、ジャンク債とは文字通り「紙くず」に

米国のハイイールド債の利回りの推移

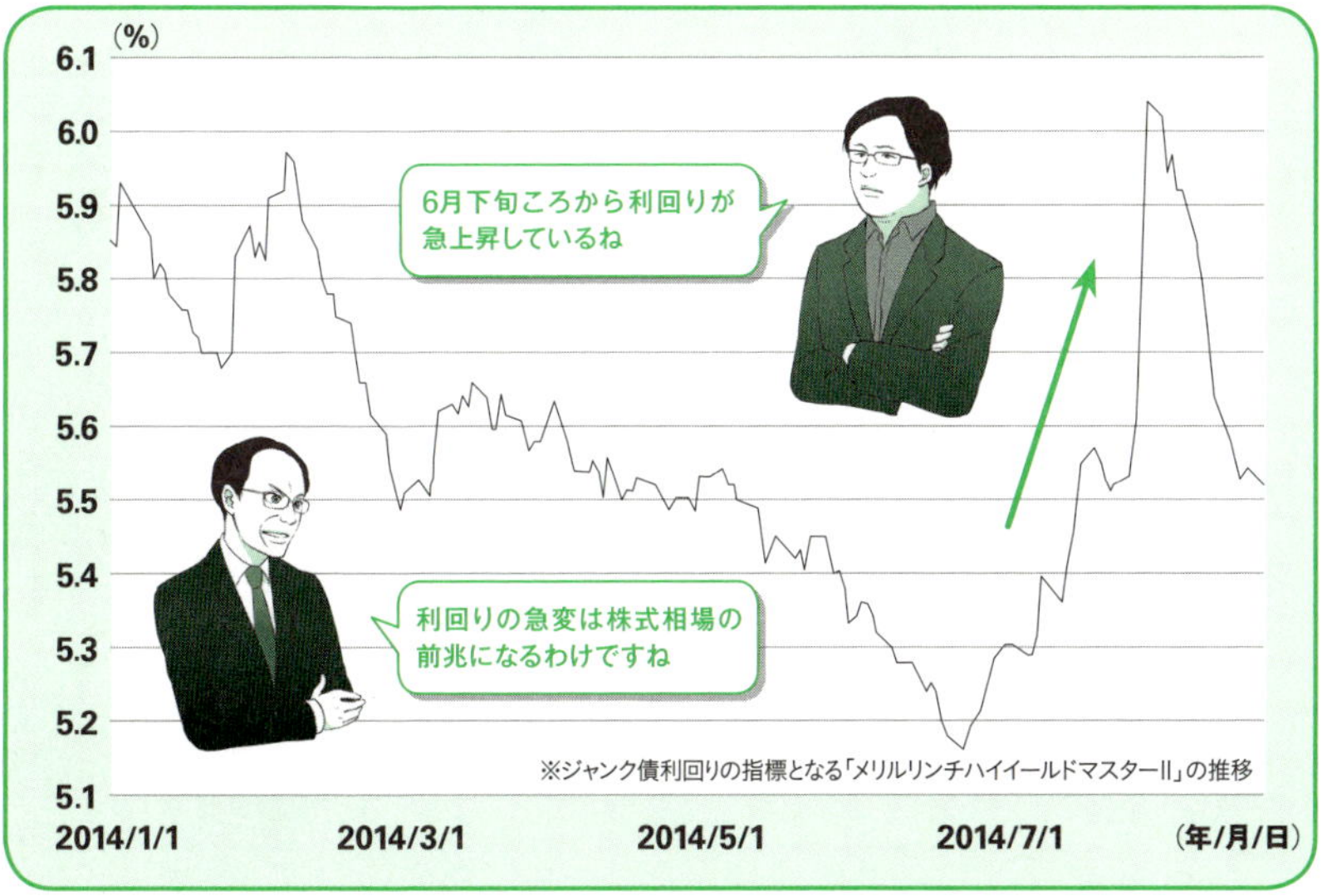

なってしまう確率の高い債券のことですが、最近では聞こえが悪いので「ハイイールド債」とも呼ばれるようになりました。債券の格付けが低い一方、通常の債券よりも利回りが高い債券で、ジャンク債市場の動向は他の債券市場や株式市場にも大きな影響を及ぼします。

ジャンク債市場の平均的な利回りは、6月には5・1%程度まで下がっていましたが、8月の上旬には6・1%まで上昇し、昨年の暮れくらいの水準まで上がりました。警鐘を鳴らしたのは、米国の中央銀行にあたるFRB（連邦制度準備理事会）でした。金融緩和は続けるものの、金融市場の一部には〝フロス（バブルの初期状態を示す言葉です）〟が見られ、特にハイ・イールド市場のような信用力が評価される市場ではそれが顕著だと表明したのです。これは、典型的な金融緩和から引き締めに移行するサインです。

ここで、金融政策について簡単に説明しておきましょう。これまでFRBや日銀が行ってきた「金融緩和」とは、その国の中央銀行が民間の銀行に貸し出す金利、いわゆる政策金利を引き下げ(=利下げ)たり、国債や有価証券などを買い入れて市場に出回る資金を増やすことです。出回る資金量を増やすことで、民間の銀行や企業の手元資金が潤沢になり、貸出や設備投資を増やして景気を上向かせようという狙いがあります。また、市場に出回る資金が増えれば、その通貨の価値は下がり、インフレにもつながります。さらに、世界の投資マネーは金利の低い通貨から金利の高い通貨に流れる傾向があるので、通貨安を招くことにもなります。

まとめると金融緩和は「景気の上昇」、「インフレ」、「通貨安」という状態を招きやすくなるということです。例えば、日本では、2013年4月に日銀が「異次元」とも言われる金融緩和に踏み切ったことで「景気反転」、「デフレ脱却」、「円安」が起こり、それが好感される形で株高も進みました。

「金融引き締め」はその逆で、市中に出回るお金の量を減らすことによって、過熱した景気を冷やす目的で行われます。米国のFRBは、景気回復や雇用情勢の改善が進み、このまま金融緩和によってお金がばらまかれ続けるとバブル相場が発生しかねないと考え、いまはまさに金融緩和から金融引き締めへ大転換しようとしているわけです。

ＦＲＢが金融緩和の出口に向けて動き出したことを受けて、世界の投資家は「リスクの高い投資を控えよう」という判断を下し、ハイリスクなジャンク債などへの投資を減らして資産の中の現金比率を高めました。この結果、米国のナスダック市場がダブルトップ（チャート上で2つの山を描くような形。テクニカル的には株価が天井をつける兆候とされる）をつけたほか、フェイスブックやリンクトイン、イェルプ、バイオ関連株など、それまで人気を集めていた銘柄の株価が急落。最終的には株式市場全体が調整に至りました。

いかがでしたか。わからなかった言葉は、これから折に触れて解説を加えていきます。

まずここまでで大事なことは、米国の金融政策が教科書には書かれていない形で市場に影響を与えているということです。市場が動くことで米国経済に微小な変化が生まれ、それが世界の市場、ひいては世界の経済に波及していくのです。おわかりの通り、一連の流れの背景にあるのは、ウクライナ問題でもアルゼンチンが破産するかもしれないというリスクでも、ましてや中東の緊張の高まりでもありません。ＦＲＢの金融政策の転換、つまりこれまでの金融緩和を完全に終わらせ、金融引き締めに移行していくための「リーク（意図的に秘密や情報を漏らすこと）」が少しずつ始まっている影響なのです。

なぜ、「公式発表」ではなく、「リーク」なのか。もちろん、金融政策の転換など重要事項については、議会証言や記者会見などで〝それとなく匂わせる〟ことはしますが、いきなりそれをやると市場へのインパクトが大きく、下手をすれば金融市場がまた危機に陥ってしまう可能性があります。そのため、政治のテクニックを駆使して、ＦＲＢの高官たちが金融政策の転換に関する情報を裏で少しずつ流すわけです。

先ほど説明したように、金融政策が金融緩和から金融引き締めに転換すれば、これまで金融市場にお金をバラまいていたのが今度は回収に回るわけですから、世界中の投資マネーに大きな影響を与えます。ジャンク債はもちろん、株などのリスク資産から資金が逃げ出す可能性が高いのです。米国が金融引き締めへと大きく舵を切るタイミングについては様々な見方がありますが、これから株を始めるのであれば、この大きな流れを無視してはいけません。

ただし、ＦＲＢの歴史の中で初の女性議長となったジャネット・イエレン氏は、「ニューヨークダウ採用銘柄などの主力銘柄や、住宅用不動産などは歴史的に見ても割高ではない」と発言しています。まだ、株や不動産などの資産市場が崩れて欲しくはないということなのでしょう。しかし、その一方でイエレン議長は7月の議会証言で、「一部に実態より上がり過ぎている株がある」などとはっきりとコメントしています。

昨年5月の半ば、バーナンキ前ＦＲＢ議長がテーパリング（量的金融緩和の縮小）の可能性に言及して市場が暴落した、いわゆる「バーナンキショック」がありました。量的緩和はインフレにさせる政策。それを減らしたり止めれば株価にはマイナスの影響を与えます。今回は、金融緩和を完全に終わらせて引き締めに向かう、いわゆる金融政策転換の〝本番〟なわけですから、イエレン議長はバーナンキショックのような市場の暴落を回避すべく、バブルのもととなるフロスを潰しながら少しずつ投資マネーを落ちつかせようとしているのです。

直近の市場の動きの一部分を、かいつまんで説明してみました。なるべく日本語に置き換えたつもりですが、横文字が頻出するので難しく感じてしまった方もいるかもしれません。ただ、これが現代の金融市場なのです。最初は言葉の意味がわからなく、つかえてしまうことがあるかもしれません。ですが、この本が伝えたいところはそうした言葉の意味ではなく、株式投資の考え方にありますから、あまり気にせずに読み進んでいってください。

米国は利上げを織り込ませる段階に来ている

米国の7月の雇用統計では、失業率が6・1%から6・2%に悪化しました。FRBは、「雇用の確保」を最重要課題の1つとして掲げており、雇用情勢はFRBの金融政策にも大きな影響を与えます。この失業率の悪化によって「金融緩和による景気の下支えが、今後もまだ必要」との考えから、米国の早期利上げが遠のいたという声も聞かれますが、それは大きな誤解です。

実は、この失業率の悪化は〝意図した〟失業者の増加が原因になっていると思われます。失業率というのは、まず景気が悪くなると当然増えます。実際に、米国の失業率はリーマンショック前の5％前後から、翌年の2009年には一時10％を超えました。その次に、人々は不況の中、何でもいいから職を見つけて働こうとします。そうすれば、とりあえず失業率は改善に向かいます。システムエンジニアや優秀な不動産のセールスマン、建築家、金融関係など、優秀な人材が緊急避難的に、例えばファミレスやファストフード店でパートとして働くというのも珍しくありません。

ところが景気が良くなってくると、自分が望んでいない仕事から、自分の才能や資格が発揮できる仕事に復職すべく、いま就いている仕事を辞めるわけです。7月の失業率が悪化したのも、いくらかこうした「意図した失業者への転嫁」の影響が含まれていると見ています。すでに鉱工業生産の設備稼働率は8割近くまで上がってきていますし、ここから失業率が0・1ポイント程度上がった、下がったという議論で一喜一憂するのは、全くのナンセンスです。

むしろ、設備稼働率や雇用市場の状況を見ると、利上げはいつ起きてもおかしくはありません。現在、FRBは金融緩和の規模を当初よりも徐々に縮小する政策（テーパリング）をとっ

米国の失業率と設備稼働率

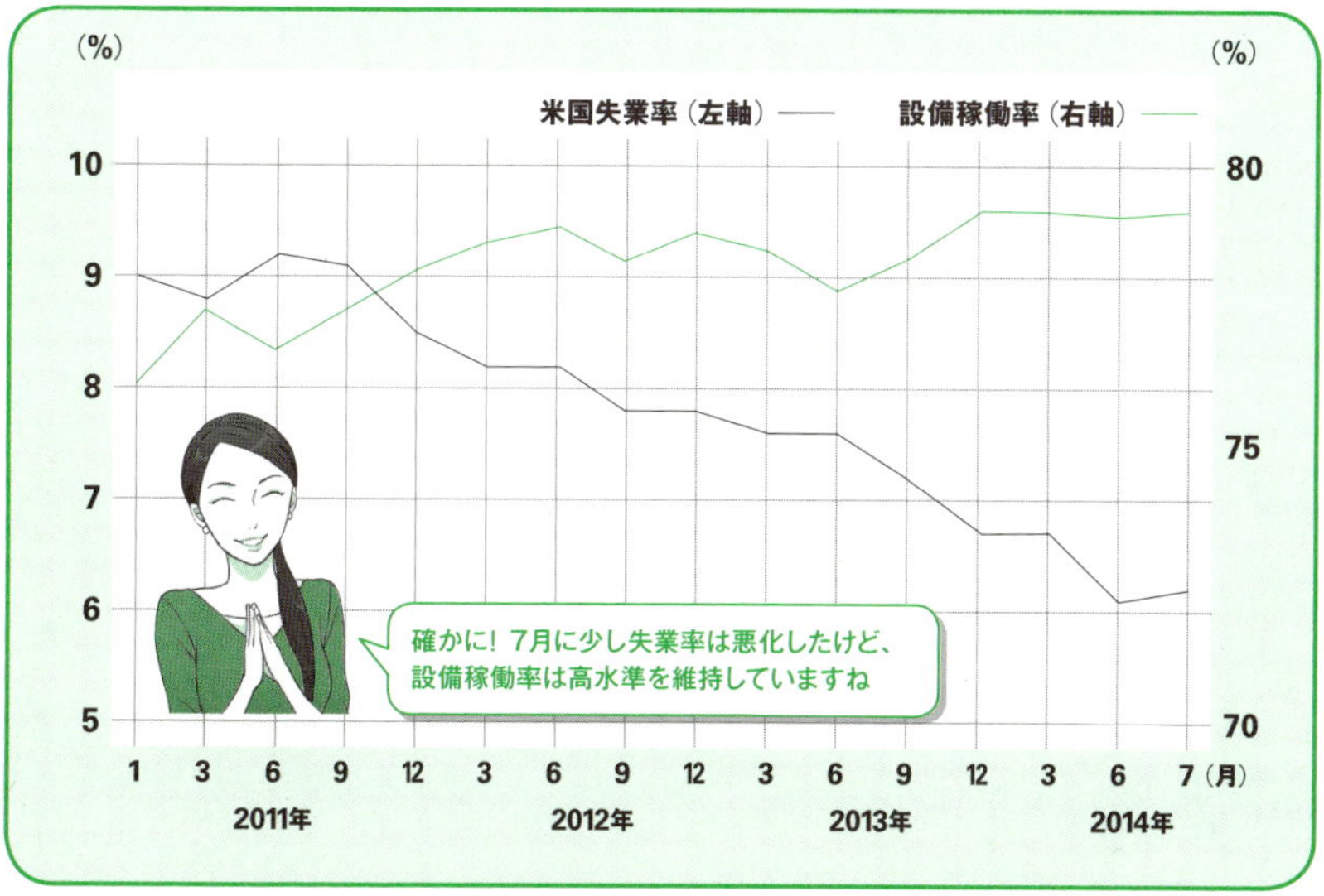

ていますが、10月28日、29日に開催されるFOMC（米国連邦公開市場委員会、金融政策を決定する委員会で日本の金融政策決定に相当）で、そのテーパリングも終わらせ、月々の米国債と不動産証券の買いつけをゼロにすることはほぼ既定路線にあるようです。

では、利上げのタイミングはいつになるのでしょうか。

イエレン議長は、就任して初めての記者会見で、「利上げはいつ行われるのですか」という質問に対し、ついうっかり「テーパリングが終わってから6カ月後あたりに」と答えてしまいました。就任して間もない段階だったため、この時は深慮遠謀が利かなかったのでしょう。ただ、おそらくこれはイエレン議長の本音です。利上げのタイミングを市場に悟られると、それを先取りする動きが出て金融市場がクラッシュしかねません。この勇み足となった記者会見以来、イエレン議長は自らの本音を悟られないよう、株や不動産が下がらないように必死に演技をしているのだと思います。

そうかといって、突然利上げのタイミングを発表すると、それまで割高に買われていた資産が大暴落して、それが株全体や不動産市場に影響が及ぶことがあってはいけないので、FRBの高官などを通して少しずつ利上げに関する情報をリークしているのです。

最近では、FRBメンバーの一部が早期利上げについて言及したり、ウォールストリートジャーナルで「米国株は割安か割高か」などという特集が組まれたりしています。これらも全て、政治的なテクニックによる、FRB高官からのリークによる影響でしょう。そうやって徐々に利上げを織り込ませている段階だと言えるのです。

直近5回の利上げ局面は成功率20%大クラッシュを視野に入れておく

イエレン議長が描いている理想図は、そうやってバブルの芽を摘んでおいて、実際に利上げに動いた時に株や不動産が下がらないように気をつけながら、全ての状況が整った時に初めて利上げに動くというものです。

ただ、ここで知っておくべき事実があります。直近5回の米国の利上げ局面を振り返ると、株式市場の大暴落をともなわずに緩和政策から引き締め政策へと転換できたのは、1994年2月の1度だけなのです（P24参照）。その年は、株価は年初から調整を始め、およそ1カ月で10％程度の下落となりました。しかし、このときはリークが先行したため、実際に利上げが行われたときにはほとんど株式市場への影響がなかったのです。当時FRB議長だったグリーンスパンは、これ以上金融緩和を続けるとインフレ圧力が増大すると考え、〝先制攻撃〟に踏み切りました。米国はこれを機にITバブルへ向けて突き進んで行くことになります。この基礎を作ったのが、1994年2月の利上げだったと言われています。

しかし、その他の利上げの局面では、利上げのタイミングが遅すぎたりして、利上げをしても株式市場が一向に反応せず、かえってバブルを昂進させてしまうなど、結局は株式市場の暴落につながっています。

最近の例では、2004年の6月に利上げに踏み切り、そこから段階的に利上げを続けました。しかし、株式市場は利上げを全く反映せず、「業績は良くなり続けるはずだ」というバブル的発想のもと、相場は2007年の10月まで上がり続けました。その結果が、2008年のリーマンショックという大クラッシュにつながったわけです。

米国の直近5回の金融引き締め（利上げ）の時期とその後の株価の下落率

利上げ時期	議長	株価のピーク	その後の下落率	ボトムまでの期間
1987年 8月	アラン・グリーンスパン	1987年 8月	36.8%	約4カ月
1994年 2月	アラン・グリーンスパン	1994年 1月	10.9%	約3カ月
1997年 3月	アラン・グリーンスパン	1998年 7月	20.1%	約4カ月
1999年 6月	アラン・グリーンスパン	2000年 4月	37.0%	約30カ月
2004年 6月	アラン・グリーンスパン	2007年10月	54.4%	約17カ月
2015年初旬～？	ジャネット・イエレン	？	？	？

※株価はニューヨーク・ダウ
※ピークは金融引き締め後の株価の高値
※ボトムはピークをつけた後の安値

金融引き締め後、株価がピークをつけるのに時間がかかると下落率が大きくなる傾向にあるのがわかりますね

現在の米国は政策金利がゼロで2年物国債の利回りは0・5%前後ですが、2004年6月は米国の2年物国債の利回りは、FFレート（政策金利）よりも2%以上も高い水準にまで上がっており、もう少し早く利上げに動くべきだったと言われています。それまでの金融緩和によって市場に滞留したバブルマネーをFRBが吸収しきれず、結果としてバブルを生み出し、リーマンショックや金融危機を迎えてしまいました。これは最悪のケースと言えます。

一方で、現在は2年物国債の利回りは全然上がっていません。景気の見通しや企業業績に対しても、まだ成長が本物かどうか恐る恐るというところであり、米国市場のPERも16～17倍程度でさほど高い水準ではありません。これらが2004年と現在を比較した場合の、アドバンテージと言えそうです。

もっと言うと、いまきちんと軌道修正して緩和マネーをうまく収束することができれば、5年、10年という中長期の上昇トレンドを作ることができるかもしれません。いずれにしても、今回は利上げが実際に行われた直後は多少の調整が起こる可能性もありますが、ここまでの状況をみる限り、大クラッシュは避けられそうです。値ごろ感という点では、ニューヨークダウの1万7000ドルという水準が高いとの印象が出てくるのは当然でしょうが、株価というのは、結局はEPS（一株あたり利益）の産物です。企業業績がいま以上に良くなれば、株価もそれに連れて上昇していくものなのです。

2004年のケースと比べると、今回はやや有利な点が多いのは確かですが、株価にとっての利上げは、過去5回中1回しか成功していないのも事実。ソフトランディングが難しいことに代わりはありません。もちろん、うまく長期上昇トレンドとなればいうことはありませんが、万が一、やや大きめのクラッシュが来ても対処できるように先手を打っておくことが大切です。

株投資
の疑問
❷

なぜ日本株はいま上がっているの？

鈴木

岡崎

櫻井

「長期不況を通して日本企業の収益体質が強固になっているからでしょう」

「日本ではまだ金融緩和によってお金がばらまかれ続けることも一因です」

「ウクライナや中東情勢が悪化していますがこれくらいじゃびくともしませんね！」

輸出以外の稼ぎ頭や金融緩和……日本株の底堅さが続く理由を理解する

米国と比べて、日本の株式相場がなかなか高止まりして下がらなかったのは、日本株が米国株と比べて割安だったからでしょう。ＰＥＲ（株価収益率、詳しくはＰ85にて説明）の水準で見ても、米国株全体のＰＥＲが18倍程度の一方、日本株が15倍そこそこでした。

例えばトヨタ自動車をはじめ、主力の自動車会社は第１四半期時点で過去最高の収益となっていますが、日本企業全体では、おそらくこれまで過去最高だった２００８年の水準の業績を超えてくるはずです。ポイントは２００８年の業績がＩＴバブル崩壊後の金融緩和期に作られた、過剰なほどの景気の浮揚効果や中国の急成長の追い風を受けていたのに対し、今回は金融緩和による浮揚効果はそこまで大きいものではなく、中国の成長も鈍化している中で過去最高ペースとなっている点です。これは、長いデフレの時代を通して、日本企業の収益体質がより強固になっている証拠でしょう。内需系の企業の業績が先に伸びていて、むしろエレクトロニクスなどの外需系企業が足を引っ張っている状況も、国内企業の力強さをあらわしています。

こうした状況は、日本が成熟国家、成熟経済のもと、建築や設備投資といった内需型の成長に軸足を移していると見ることもできます。この2～3年はこうした状況が続いていますが、日本企業は輸出以外に稼ぐ道を見つけたということです。これが、日本の株式市場が好調に推移している大きな要因と言っていいでしょう。

また、昨年4月の日銀の〝異次元緩和〟からまだ1年しか経っておらず、日本ではまだまだ金融緩和が続くことも、日本株の下支え要因になっています。米国が金融緩和から金融引き締め（利上げ）に転換する一方で、日本で金融緩和が続けば、日米両国の金利差は広がります。為替相場では、長い目で見れば金利の高い通貨が買われ、金利の安い通貨が売られますから、今後のドル・円相場は円安傾向が強まるということです。内需型の企業が攻勢を強めているとはいえ、まだまだ日本の株式市場の中心は輸出企業です。円安が進

日本経済はデフレからインフレにギアチェンジ!

デフレ化の〝過剰三兄弟〟
過剰雇用
過剰設備
過剰債務
現在は〝過小三兄弟〟
過小雇用
過小設備
過小債務
これが日本株が買われる要因ね！
輸出が伸びない中、内需型の企業が元気です
日本企業はバブル時代の負の遺産を解消して身軽になっているね

めば株式相場、特に輸出企業の寄与度が大きい日経平均株価には追い風になります。

さらに日本経済の中では、もうひとつ大きい変化が起きています。それは、デフレからインフレへの大転換期を迎えていることです。企業も借金をせずに現金を貯め込む「デフレ型経営」から、貯め込んだお金を積極的に利用したり、借金をして投資を進めるなどの「インフレ型経営」にシフトしつつあります。

1980年代後半のバブル崩壊以降、日本企業は悪名高き「過剰三兄弟」と称された、過剰設備、過剰債務、過剰雇用という三つの過剰に苦しんできました。あれから20年。現在ではそれがすべて逆転し、過小な設備、過小な債務、過小な雇用の「過小三兄弟」状態にあります。こうした背景も、長い目で見ると日本株が買われる要因になっているのは間違いありません。

日本株は過去に地政学的リスクをさほど受けてはいない

現在はウクライナ問題の混迷や中東情勢の緊迫化など、「地政学的リスク」が高まっていると言われます。株式市場でいう「地政学的リスク」とは、戦争や紛争が起こり、原油価格が上昇したり物流がストップすることで経済がダメージを受け、それによって株価が下がるリスクのことです。

ところが、現在の株式市場は現在の地政学的リスクなど意に関せず、といった感じで堅調に推移しています。これは一体どうしてなのでしょうか。

ここ30年の間で、株式市場が本当に「地政学的リスク」を意識したのは、おそらく1990年から1991年の湾岸戦争と、2001年の9・11、同時多発テロの2度だけです。9・11の時はまさに寝耳に水であり、米国の取引所が閉鎖されるなど金融市場は完全にマヒし、株式市場もクラッシュします。一方、湾岸戦争では、空爆の開始が戦争開始を告げましたが、多国籍軍が短期間で圧倒的に勝利するとの観測から、日本や欧米市場の株価は上昇しました。

現在は、中東やウクライナで地政学的リスクの高まりが懸念されているのは確かですが、過去の湾岸戦争や同時多発テロ後のイラク戦争などを通して学んだのは、空爆はリスクではないという事実です。ボスニア・ヘルツェゴビナでもアフガンでもイラクでも、空爆の段階では市場はさほど動揺しませんでした。ただし、地上戦突入は市場が混乱するリスクになり得ます。

米国が空爆を仕掛けただけでは米国経済は全く痛まないし、米国経済が痛まなければ他の西側諸国の経済への影響もありません。ですが、ロシアとの貿易規模が大きいドイツにとっては、ウクライナ問題の長期化は痛手となります。ドイツが痛手を被《こうむ》ればユーロに悪影響がでますし、ユーロが悪影響を受ければ日本にもその影響が及ぶでしょう。もっとも、局地戦で終わる限り

第2次世界大戦後の主な米国の軍事介入と株価への影響

軍事介入時期	名 称	株価の動き
1950年6月～1953年7月	朝鮮戦争	1953年1月まで株価は上昇。その後、終戦後の不況を見越して株価は下落
1961年11月～1973年3月	ベトナム戦争	1970年5月まで株価は不安定。双子の赤字（貿易赤字＋財政赤字）へ。その後石油危機を迎える
1983年9月～1984年4月	ニカラグア空爆	米国の高金利期と重なり、純粋な地政学上のリスクは不明
1991年1月～1991年3月	湾岸戦争	1990年10月まで株価は下落。その後長期的な上昇局面入り
1995年8月～1995年9月	ボスニア・ヘルツェゴビナ空爆	委細構わず株価は一本調子で上昇
2001年10月～（継続中）	アフガニスタン戦争	2002年10月に大底。以来、リーマンショックを経て、現在に至る
2003年3月 ～2011年12月	イラク戦争	2009年3月に大底。以来、一本調子で株価は上昇し現在に至る

は、そこまで循環的な悪影響が起こることはないはずです。

8月の米国によるイラク空爆ではっきりしたのは、ビン・ラディンがいなくなって「テロとの戦い」が終わったと思われていたものが実は終わっておらず、テロ対策にはまだある程度の資金を投じなければいけないということと、ウクライナ情勢をきっかけにわかったことは、ロシアが再び西側諸国の敵に回ったということです。つまり、市場が「テロとの戦い」と「再度の冷戦」を認識したということですが、今のところ、この新たな「冷戦」はまだ相場には織り込まれていません。ロシアは以前の米・ソ冷戦時のソ連と比べて国力が劣るため、本格的に西側諸国のことを構える気はないと考えています。

おそらく、ロシア側もウクライナ人同士、ウクライナ国内の争いで終わらせたいところでしょうし、米国やEU側の制裁がどんどんエスカレートしていくとも思えません。ただ、日本も米国も、ロシアと中国を一度に相手にするのは無理ですから、ロシアと戦うためには中国と仲良くしておく必要があります。今後は日米双方が、中国と和解の方向に進む可能性が高いのです。

また、過去に地政学的リスクが高まったときに比べてさほど円高が進んでいないのは、米国の金融政策がそれまでの緩和政策から引き締めへの転換が近いことが市場でも意識されており、逆に少し円高に振れたところが米ドルの押し目買いの好機ととらえられている側面もあります。

「21世紀型リスク」と「デリバティブ」を知ろう

そもそも、地域紛争が各国の経済に大きなダメージを与える構図は、「20世紀型」と言えるかもしれません。20世紀は資源がひっ迫していたため、紛争によって原油価格が上がり、それが各国の経済にダメージを与えるという流れでした。しかし、現在はシェールガスの産出が本格化したことで原油のひっ迫感も以前ほどではなく、紛争が与える経済へのダメージも小さくなりつつあります。ウクライナ問題も中東問題もそうですが、地域が限定されていれば原油やエネルギー市場に与える影響も些細なものにとどまる可能性が高い。そのため、日本の相場にもほとんど影響がないと考えることができます。

むしろ、これから注意しなければならないのは、リーマンショック時に見られたようなデリバティブ（金融派生商品）の暴発やサイバーテロなど、実際には目に見えない「21世紀型のリスク」です。

中でも、最も警戒しなければならないのは、やはりデリバティブ。デリバティブは、株式や債券、為替、ローンなど、あらゆる投資のリスクを抑えるために開発された金融商品のことで、先物取引やオプション取引、証券化商品などが複雑に絡み合って組成されています。一般の投資家が詳しい仕組みを知る必要はありませんが、一定の証拠金を預けることで、元本の数十倍、時には数百倍という危なっかしい取引が今も世界中で行われています。このように元金や資本金、広い意味での資本金の何倍ものリスクを取ることを〝レバレッジをかける〟と言いますが、このレバレッジが効いている分、相場が暴落した時のダメージは甚大なものになります。2008年のリーマンショック時も、米国のウォール街で生みだされたデリバティブの1つであるCDO（債務担保証券）やCDS（債務不履行となった場合に備える保険証券）などが、その後の金融危機の根源になっています。

ウクライナ情勢、中東情勢によって、もしデリバティブ市場に変化が訪れれば、それは注視しておく必要があります。インターネット取引が主流の現在では、クリック1つで膨大な発注やキャンセルが可能ですから、どこかでデリバティブの連鎖が断ち切られれば、一斉に投資資金が引き揚げられる事態に陥りかねません。「100年に1度」と呼ばれる金融危機が、5年や10年、下手をすれば2～3年の周期で起きてもおかしくはないのです。その反面、立ち直りに関してもクリックひとつがきっかけになるので、危機から復活するペースも以前より早いという側面もあります。

ただ、一般の投資家が「デリバティブ」と言われても、何をどうチェックすればいいかわからないというのが実情でしょう。確かに、一般の投資家がデリバティブ市場の動向を探るのは大変です。そこでチェックしてもらいたいのが金利です。デリバティブ市場に何らかの変化が訪れれば、それは金利にあらわれます。

……。と、ここで話を一度ストップします。まず金利についての説明をしておかないと、ここから先の話がチンプンカンプンになりますので、ここで〝金利〟について述べます。

金利はお金の賃貸料で債券は相手を選ばない借用証書

普段我々が目にする金利と言うのは、普通預金金利、定期預金金利、住宅ローン金利、自動車ローン金利など様々ですが、これはまとまったお金を貸したり借りたりするときに発生する賃借料ですから、本質的にはアパートの賃貸料や駐車場代、倉庫料、レンタカー代と同じです。立場が変わり、我々が銀行にお金を貸すのが普通預金や定期預金であり、ここにも当然、金利が発生します。

では金利はどうやって決まるかというと、貸し手は借り手の返済能力を見て値踏みしますから、相手によって利回りが変わります。これを信用リスクと言います。また通常、借りる期間が長くなればそれだけ踏み倒されるリスクが高くなりますから、金利は長くなれば利回りが上がります。

お金を借りるのは個人だけではありません。企業も、政府も、地方自治体も、みんな何か事業を興そうとすればお金を借りるものです。この時、個別の銀行に金を借りに行けば、〝貸し出し〟という形でお金が銀行から融通されることになりますが、もっと広く世間一般からお金を集めたい、となると借り手は〝債券〟を発行します。これは早い話、誰からでも集められる借用証書を世間に売り出すようなものです。貸し出しなら借りた銀行にお金を返さなければなりませんが、債券発行の場合、集めたお金はこの債券と言う名の借用証書を持っている人に、最後は返すことになります。

さて、金利は賃貸料ですから、みんなが寄ってたかって、借りたい借りたいと集まれば上がっていくものです。これが景気のいい時期、インフレのときです。逆に、借りても仕方がない、むしろ余っているから誰かに貸したい、預けたいとなれば金利は下がります。これが不況の時期、デフレのときです。

では金融政策とは何かと言えば、中央銀行（日本の場合、日本銀行、通称日銀）が、金利が上がるように、あるいは下がるように銀行に仕向けることで、これは具体的には次の2つのやり方で行われます。

ひとつ目は銀行が日銀から借りる時の金利、あるいは日銀に預ける時の金利を上げたり下げたりするやり方。もうひとつは、銀行が持っている債券を買い取って現金を払い込んだり、逆に日銀が持っている債券を銀行に売りつけて現金を回収したりするやり方です。前者の場合、せっかく持っていた債券が日銀に回収され、当てにしていた金利が入らなくなった銀行は払い込まれた現金をまた誰かに貸さなければいけません。すると金利は下がりやすくなります。逆に後者の場合は、誰かに貸そうと思っていた現金が日銀に吸い上げられる代わりに債券を保有することになったため、誰かが借りに来てもすぐには貸せないことから金利は上がりやすくなります。

こうして中央銀行は国全体の金利が上がるように、あるいは下がるように調整していきます。これが金融政策です。

現在行われている量的緩和の本質を理解する

ところで、現在行われている量的緩和という金融政策に対して、これはきっと日銀が輪転機をフル稼働させてお金を刷り続けているのだろう。だとすれば、何兆円もの紙幣を刷るのだからさぞかし多くの紙代とインク代と時間がかかるに違いない。そう思われている方がいるかもしれません。しかし、現実にはそんなことはありません。日銀は中央銀行ですから、金庫にお金がなくても、輪転機が回っていなくても、傘下の銀行の口座に、ポンと数字を打ち込めばOK。そのため、銀行が持っている債券をはじめとする金目のモノは、原理的には幾らでも買える。何なら無理やり借りろと命じ、銀行に強制的に貸し出しと称してどんどんお金を振り込むことだってできる。振り込まれた銀行は、利益を出すために誰かに貸したり、株を買ったり、何でもいいから何かしようとする。これが今の量的緩和策の本質なのです。

では、なぜこんなことをしなければならないかというと、長い間、日本の銀行は日本政府が発行する国債ばかりをたらふく買い込んで、何もしようとしなかったからです。これが「失われた20年」の元凶なのです。

さて、金利の仕組みを簡単に説明したところで、話をデリバティブに戻しましょう。中央銀行は傘下の銀行を通じて自国の金利が上がるように、あるいは下がるように仕向けるのが仕事だと書きました。しかし実際に人々や会社にお金を貸すのは銀行です。その銀行が中央銀行の要求にこたえられないほど行き詰っていると、政策は浸透しません。おまけにその銀行が1つや2つでなく全部が危機的状況に瀕していたら、もう中央銀行が何をしても効果がありません。

リーマンショックの時はいくら中央銀行がお金を貸してやるように銀行に促しても、当の銀行が潰れそうになっていましたら、お金がその先に流れず、いわば経済全体が壊疽《えそ》のような状況になってしまいました。これが金融危機です。

加えて、中央銀行が無限に供給できるのは自国通貨だけですから（欧州中央銀行は地域通貨と言う特殊な状況にある）、自分の国の通貨が暴落したら窮地に立たされます。また自分の国の国債が暴落すると、国債の利回りが上がり、その余波から国全体の金利が上がってしまいます。そうなるとお金の賃貸料が跳ね上がり、借りている人は大損害となってしまいます。

デリバティブがなかったころは、中央銀行は国全体のお金が出回っている量を、ほぼ正確に把握することが出来ました。ところが今や、金融商品はどこでどう繋《つな》がっているのか、本当の規模がどれくらいなのか把握するのが大変難しくなっています。仕方がないので何かおかしなことが起きていないかと、世界中が鵜の目鷹の目で兆しとなる各国の金利の動きをチェックしているのです。

例えば、国債と社債の利回りが広がるとか、ドイツとイタリアの金利差が広がるなど、そういう部分で確実にデリバティブ市場の変化が見えてきます。単純といえば単純ですが、紛争やテロなど突発的な出来事が起こった場合は、まずは世界の金利がどう動いているかを見るべきです。

現在ではＦＲＢのホームページをはじめ、金利のデータを公開しているサイトがたくさんあります。ただ、欧州の一部の国については、まだチェックできるサイトが少ないため不便を感じるかもしれませんが、それでも「デリバティブ市場の変化は金利にあらわれる」ということを知っているのと知らないとでは、今後の投資行動に大きく影響するはずです。

株投資

の疑問
3

出口戦略って何?

岡崎

櫻井

鈴木

「金融政策の開始が『入口』戦略なら、その金融政策の終わりが『出口』戦略です」

「日銀は異次元緩和でかなりのお金をばらまいているので大変そうですよね?」

「金融政策を転換するタイミングや方法を間違えると相場も大混乱しかねません」

日銀の異次元緩和の出口戦略に注目すべし！

２０１３年4月、日銀は〝異次元緩和〟と称される、過去に例がない規模の金融緩和に踏み切りました。具体的には、主に新規に発行される国債を買い取り、マネタリーベース（日銀が市中に供給する資金量）を２０１２年末の約１４０兆円から、２年間で約2倍の２８０兆円にするというものです。この市場の予想を大きく上回った緩和で為替市場では円安が進み、日本株も急上昇しました。

株式市場をはじめ世間一般的には、黒田日銀総裁の最終的な目標は「デフレからの脱却」と言われています。しかし、この本ではあえてそれに異論を唱えます。黒田総裁の真の最終目標は、税収の増加にあるのではないでしょうか。もちろん、黒田総裁が財務省出身というのも、その考えのひとつの要因になっています。

税収を増やすために一番手っ取り早い方法が、株価を上げることです。２０１３年末に株の譲渡益の軽減税率が廃止され、株の譲渡益にかかる税率が10％から元の20％に戻りました。つまり、株が上がって人々の売買が活発になり、利益の確定が進めばこれまでの倍のスピードで税収が大きく増えることになります。また、デフレからインフレへの転換で不動産売買が活性化すれば、それもやはり税収の増加に繋がります。さらに、景気が回復して所得が増えれば所得税収が増え、モノの流れが活発になれば消費税による税収も増えます。

黒田総裁は税収を増やすために異次元緩和を続けているのであって、財政のプライマリー・バランス（基礎的財政収支、歳入から国債償還費や利息などを差し引いた収支のバランス）が確実に改善してゆく目処が立つまでは異次元緩和を続けると考えるべきでしょう。銀行や証券会社の債券担当者たちは「金融緩和によって新発国債（新規に発行される国債）の5割以上が、日銀によって吸収され続けるのでは債券市場が成り立たない」とブツブツ文句を言っているでしょうが、そんなことは政府にとって大したことではありません。

日銀が国債を買い続けて金利が低く抑えられることで、政府は安い金利で資金を調達できます。そのうえ、税収が増えれば政府や日銀にとってはまさに一石二鳥。これによって、プライマリー・バランス改善も見えてくる。黒田総裁はプライマリー・バランスについては一言も発していませんが、実際は税収を増やして天文学的な数字となってしまった財政赤字を解決する道筋を作ることが異次元緩和の究極の目的でしょう。つまり、異次元緩和の出口を「デフレ脱却」だの「ＣＰＩ（消費者物価指数）２％」だのという観点から議論したのでは、本質とずれてしまうということです。こういう読み方をすることが、人とは違う裏道を見つけ、投資で成功する一歩なのです。

日本の税収と歳出、消費者物価指数（前年同月比）の推移

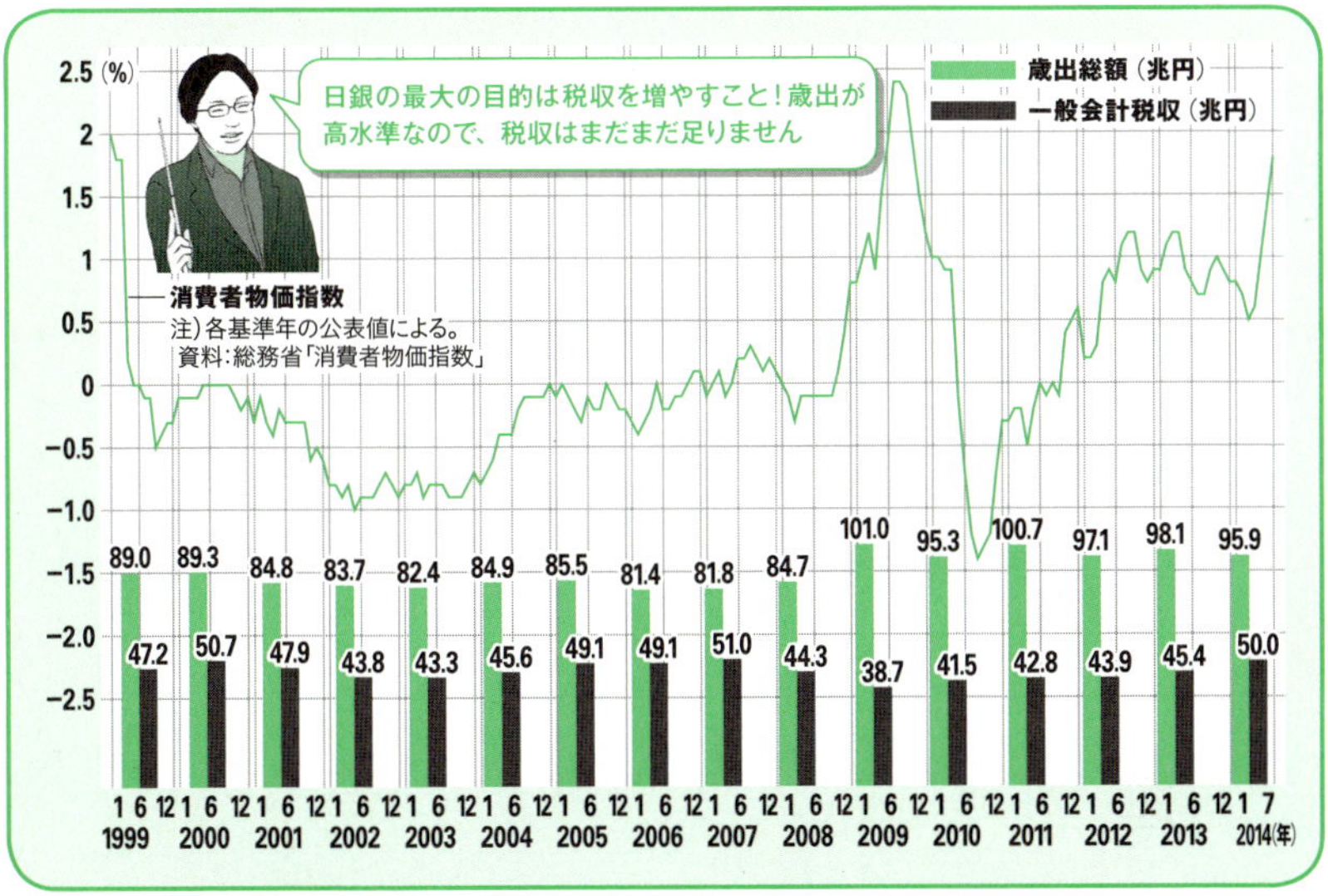

逆にこれ以上異次元金融緩和を続けてもプライマリー・バランスが全く改善しないとか、税収が全く増えないということになれば、異次元緩和の意味がなくなってしまいますので、そのときには嫌でも緩和を終わらせる方向に動かざるをえないことになるでしょう。税収が増えなければ全てが水の泡。当然、消費税も予定通り10％まで上がると考えるのが自然の流れであり、日本銀行もこれを前提に金融緩和を続けていると考えるべきなのです。

世界の資金は日本に集中する

以前、今回のアベノミクスの理論的な裏づけを作られた浜田宏一先生（内閣官房参与・

イェール大学名誉教授）に私たちの番組（『岡崎・鈴木のマーケット・アナライズ』）に出て頂いたことがあります。浜田先生は、法人税減税に関して「29％がいいのか、28％まで下げればいいのか、細かい議論をしている奴はわかっとらん！　確かに、何％がいいのかは実際にやってみないとわからない面はある。法人税減税の効果はすぐに現れるわけではないが、税率が臨界点を超えた時、世界のお金は一気に日本に入ってくる。経済というのはそういうものなのだ」とお話になっていました。

例えば、同じケーキを毎年10円ずつ値下げするとします。商品が同じなら、10円安くなったからといって、すぐに売れ出すということはないでしょう。しかし、値下げを続けていけば、どこかの値段で急激に売上が伸びるのです。浜田先生はその臨界点を見つけるのが経済学であるとおっしゃっていて、失礼ながら他の普通の経済学者とはやはりレベルが違うなという印象を持ちました。安倍首相は、法人税の実効税率引き下げを国際的にも「公約」していますが、減税の効果を最大限にするためには、その臨界点を超えるくらいまで引き下げる必要があるということです。

黒田総裁は、異次元緩和によって株価をあげ、景気も回復させることに成功しました。もちろん緩和だけの効果ではありませんが、とりあえず第1のハードルは越えることができたわけです。第2のハードルはもっと重要で、「税収の増加を恒常的なものに持って行けるか」。そのハードルを超えるためには、お金がどこかに滞留することなく、流れ続ける必要があります。要は、国民の購買意欲や投資意欲をもっともっと高めなくてはいけません。購買意欲や投資意欲が臨界点を超え、中長期にわたって消費や投資を大幅に増やすことができて初めて、異次元緩和は成功したと胸を張れるのです。

その第2のハードルを越えるまでは異次元緩和を続けるべきだし、政府も法人税減税や投資減税など、ありとあらゆる手を継続して打つべきでしょう。そうでないと、株価の長期的な上昇は見込めません。

指標は「解釈」によって大きく食い違う

周知のように、日本ではこの4月から消費税の税率が5％から8％に引き上げられました。さらに、今年中には2015年10月から税率を10％に上げるかの判断が行われる予定です。2度目の引き上げに関しては、「経済状況などを勘案して」ということになっていますが、消費税率引き上げ以後の4−6月のGDP成長率は、年率換算ではマイナス7・1％という、かなり大きなマイナス幅となりました。

この数字がどんな意味を持つのでしょうか。

判断が難しいのは、生産や設備投資に関する指標が「予想より落ちていない」との見方がある一方、「いや落ちている」とする見方もあり、エコノミストの間でも意見が真っ二つに割れていることとです。内閣府発表の機械受注や日銀発表の指標でも、解釈が大きく分かれています。指標の読み方と言うのは難しいもので、先ほど、米国の雇用統計の話をしましたが、6・1％から6・2％に〝悪化〟したと考える人もいれば、内容自体は改善していると解釈する人もいます。何故、そのように解釈が分かれるかと言うと、人間の行動には常に〝意図したものか意図せざるものか〟という自らの意思決定の要素が加わるからです。

私たちが集めたデータを分析すると、4−6月の設備投資が落ち込んだのは、あまりにも受注残が増え過ぎているために受注を断ったりしているためなのではないか、という事情も見受けられました。業界によっては、いま商品を発注しても納入されるのは3年後という状況が発生しているといいます。こと設備投資に関して言えば、ボトルネック（需給の不一致で成長が阻まれること）が起きている可能性が高い。つまり、注文は次から次へと来るのに、現在抱えている注文が多すぎてさばききれず、ビジネスチャンスを逃してしまっているということです。

もし、ここで積極的な設備投資を行わず、注文を断る状況が続くと設備投資がピークを迎えているのと同じことになります。注文を受ける側からすれば、受注が次から次へと舞い込む一方で、単価の値上げが通りやすい状況ですから、いわゆる〝嬉しい悲鳴〟なのでしょうが、国全体で見るとあまりいい兆候ではありません。

また、9月に入って2点の気になる指標が発表されました。ひとつ目は、4―6月のGDP成長率の改定値。2つ目は、7月の鉱工業生産指数です。

前ページで4―6月のGDP成長率が年率換算でマイナス7・1%になったと書きました。これは9月の上旬に発表された改定値で、マイナス7・1%に0・3ポイント下方修正されています。また、7月の鉱工業生産指数は速報値でプラス0・2%となりました。鉱工業生産指数は全てのマクロ統計の中で最も早く、正確に経済の変調を教えてくれる重要な指標です。1月から6月までは冴えない数字が続いていましたが、7月には大きくリバウンドすると期待されていました。当初の企業ベースの7月度生産予測であるプラス2・5%に対して、エコノミストが電力消費量などから類推して直前に出した予測がプラス1・0%。これだけでもかなりの下方修正でしたが、最終的に出された結果がプラス0・2%ですから、景気は確実に悪くなっていると言えます。

政府は、2014年度のGDP成長率をプラス1・2%と予測していましたが、この数字を達成することはもう不可能と言っていいでしょう。7―9月期以降に0・5%（年率換算で2%）程度の成長しかできなければ、今年度はマイナス成長となってしまう恐れが出てきました。

景気悪化の原因は明らかです。米国の景気回復ペースが予想より遅いせいでも、欧州の景気が悪化しているせいでもありません。日本の個人消費が大きく落ち込んでいるからです。日本のGDPの総額における個人消費の割合は約60％。円高による輸入費の上昇や消費税増税によって物価が想定以上に上がっているのに比べ、給料（実質賃金）は増えていません。これでは消費が落ち込むのも当然です。

賃金は、一度上げたり下げたりしてしまうと、元に戻すのには時間がかかります。賃金は景気に対して遅行性があり、景気が良くなってもすぐには上がりません。そうなると、今年度いっぱいは人々の暮らし向きは良くならず、個人消費も上向かないということになります。これは日本経済や株式市場が抱える大きなリスクです。

自分でフローチャートを描いてゲームプランを立てよう

このような状況の中、第二次安倍改造内閣がスタートしました。改造内閣のキャッチフレーズは「経済最優先」そして「地方創生」。要は、「公共投資で地方にお金をばらまいて低迷している経済を立て直そう」ということです。政府・自民党は、福島県知事から来年の統一地方選挙まで続く地方選挙と、来年秋の自民党総裁選挙を乗り越えなければいけませんから、今回の改造内閣は選挙を意識した組閣だったのでしょう。

今後のスケジュールを確認すると、消費税再増税を決断する際の諸情勢は相当複雑になることが予想されます。選挙に負けたらどうなるのか、GDPの数字が改善しなかったらどうなるのか、そしてそのときに日銀は追加の金融緩和に動くのか。最大のカギを握るのが、日銀の出方です。

増税によって景気が悪くなれば、日銀は追加の金融緩和、いわゆる〝第2のバズーカ〟を放つ可能性が高いでしょう。しかし、増税がないのにバズーカを放てば、それは単に日銀の国債引き受けの拡大ととらえられ、国内外の信認を失いかねません。ひとつの主要国が中央銀行の国債引き受けなどで自国通貨の流通量を増やすと、その国の通貨の価値が減り、通貨安につながります。1国だけが突出して通貨の流通量を増やすことは、他国にとっては迷惑千万となる場合もあるのです。黒田総裁も、記者会見などで追加緩和によって国内外の市場の信認を失うことを懸念していると発言しています。

この本が出版された1カ月後には、今後どういうシナリオになるかがはっきりしてくると思います。結果がどうなったかは、読者の皆様ご自身で確認してください。ここで挙げたフローチャートを自ら紙と鉛筆を使って描き、自分のゲームプランを組み立ててみると、投資の成功確率も高くなると思います。こうしたフローチャートを描くことは、これからまたどう転ぶかわからないような局面に遭遇したときにも有効になるでしょう。

相場下落のブレーキ役は企業業績ということを頭に入れておく

株式相場にとって最も望ましいシナリオは、「自民党が10月26日の福島県知事選、11月16日の沖縄県知事選に勝利」し、その上で「日銀が追加の金融緩和」に動き、さらに「11月下旬〜12月に予定通り来年10月の消費増税が決定」するというものです。分析を進めていくと、今年度は11月17〜19日の3日間が、株式市場の天下分け目の戦いとなる可能性がありそうです。

今はまだ、景気はきっと回復するはずだし、選挙もきっと勝つだろう、そして増税も必ず実行されるだろう、と明るく振舞っていても問題ありません。ただ、時間とともに増税を巡る複数のゲームプランを考えておく必要がありそうです。

もし、自民党が福島の知事選挙に負ければ、まずは売りを考える。しかし、これであっさりと株式相場が下がり、沖縄知事選も負けてさらに下がったら、「増税回避シナリオ」を日本株が織り込み始めたことになります。

その直後、7−9月期のGDP発表が良ければ買い戻されるでしょうが、この数字が悪ければ、さらに売りを重ねるべきです。市場で「アベノミクスは完全に失敗した」という認識が広がれば、相場はさらに下落するはずです。

その相場下落の波にブレーキをかけるとしたら、やはり企業業績です。増税見送りで業績にプラスに働くとなれば、これが歯止めになります。また、この時さらに円安が進んでいれば、これも日本株にとっては追い風になるでしょう。

難しいのは、相場がこうしたゲームプランに逆らって上がり続けるケースです。つまり、選挙に負けても上がり、GDPが悪くても上がるというパターンですが、これはもうバブル相場と言えます。このバブルに乗るのもいいですが、米国の利上げやさらなる個人消費の落ち込みなど、ひとつのきっかけでこのバブルは簡単に弾けてしまう可能性がありますから、常に逃げ道を用意しておく必要があります。

いずれにしても、この本が発売される時点で、相場や景気がどう動くのかについて結論を出すのは早計でしょう。第2章以降に、見るべき指標や銘柄の分析の仕方、投資リスクを減らす方法などについて述べていますので、それらを参考にしながら、ご自身で今後の投資シナリオを描いてみてください。

株投資の疑問 ❹

株をはじめるうえで大事なことは？

岡崎

櫻井

鈴木

「とりあえず『買う』だけでなく、前もって期間や目標価格を決めて『売る』こと！」

「私みたいに買いっぱなしで持ち続けていてはダメってことですね……」

「それだと、いつまでたってもビギナーという枠から抜け出せませんよ！」

マイナンバー制導入で投資への流れがより一層加速する

今年の1月からＮＩＳＡ（少額投資非課税制度）という制度がスタートしました。証券会社にＮＩＳＡ用の口座を開けば、年１００万円まで株式投資が非課税になるというものです。テレビや雑誌などで頻繁に宣伝していますから、株に関心が無くとも名前くらいは知っているという人も多いでしょう。

日本は個人金融資産の約8割を、60歳以上の高齢者が保有するという構造的な問題を抱えています。そのため、政府は高齢者の預金を投資市場に引き出そうと躍起になっており、ＮＩＳＡもそうした政策のひとつです。確かに、株を始めようとしている人にとっては、ＮＩＳＡは嬉しい制度。年間１００万円までの限りがあるとはいえ、譲渡益の20％の税金がかからないわけですから、使わない手はありません。

ただ、ＮＩＳＡだけでは政府が目論《もくろ》んでいる「貯蓄から投資へ」の流れを加速させるには至っていません。現在は雑所得、株式の譲渡益、配当、銀行預金の利子などへの課税がてんでバラバラで、税制の複雑さが投資への流れを阻害しているとも言えます。もっとも、これについては２０１６年1月に導入が予定されているマイナンバー制度（社会保障・税番号制度、国民

1人1人に個人番号をつけ、社会保障や税金を一体管理する制度）で所得の把握が容易になり、一気に解消される可能性があります。金融課税が一体化されて課税の仕組みが簡素化されれば、高齢者の資金が一気に消費や投資などを通して外に出てくるかもしれません。

とはいえ、人々がお金を使わずに貯め込む最大の理由は、やはり将来に対する不安でしょう。将来に不安があるため、消費や投資を抑えてしまうというのは、ある種、日本人の国民性とも言えます。しかし、その日本人も変わりつつあります。人は、もし3年景気回復が続いて、3年株が上がれば、「このまま株価がずっと上がる」という錯覚に陥りやすい性質を持っています。これは日本人だけではなく、世界でも同様です。

ここ2～3年で成功体験を作ることが人々のマインドを支える

米国では、個人金融資産の5割近くを株式が占めています。もちろん、初等教育で投資の重要性を説いたり、早期に401k（確定拠出年金）が整備され、税制が優遇されているといった要因はありますが、やはり米国の株式市場の長い長い成功体験によるところが大きいと思います。日本では、高度経済成長期を通して作られた終身雇用や年功序列、ローンを組んでの住宅購入や投資などの「家計モデル」が、完全に崩壊してしまいました。その結果、途方に暮れているのが現役世代です。

途方に暮れる中で「じゃあどうやって暮らして行くのか」、という守りの姿勢が現役世代の家計モデルの根本にあるため、節約、節約となってしまうのは仕方がないことなのでしょう。やはり、なんとしても高齢者が抱えるお金を世に出るようにしないといけませんが、そのためには投資家に継続して儲けてもらう必要があるわけです。「こうやって資産を作り上げて行くんだ」という投資家としての成功体験を作っていかないといけません。

その成功体験に立ちはだかってきたのが、円高や不動産バブルの崩壊、ＩＴバブル崩壊にリーマンショックだったわけです。ただ、ドル・円相場は２０１１年の１ドル＝75円で大底を打って、今後10年は１ドル＝１００円を大きく割り込むことはない状況ですし、大規模なバブルはまだ発生していません。つまり、いまこそ、成功体験を作るチャンスなのです。

現在の上昇相場で、例えばトヨタの株価が2〜3年の間、年5％なり10％なり確実に上がっていくことで「株式投資は資産形成に有効」という認識が広がれば、そこから先は割とスムーズに株式市場に高齢者のマネーが流れ込み、その高齢者マネーによってさらに相場が上昇するという可能性も十分に考えられます。要は、ここ2〜3年の間が勝負ということです。

「まずは買ってみる」ではなく「買って売ってみる」

株を買おうと思ったときにまず最初のハードルとなるのが、銘柄の多さと価格の高さ。どんな銘柄を買えばいいのかわからず、とりあえず誰もが知っているトヨタ株を買おうとすると、1単位だけでも60万円程度の資金が必要になります。

『岡崎・鈴木のマーケット・アナライズ』の番組アシスタントをしている櫻井さんも同じような問題を抱えています。何を買ったらいいのか分からず、銀行の担当者に言われるがまま資産を株式や保険、投信などに分散した結果、株や投信の価格は大きく値下がり。その結果、売るに売れず「塩漬け」状態の時期もあったそうです。

株を始めるにあたって、すでに株式投資をやっている人や株の専門家などから、「まずはとりあえず買ってみましょう」というアドバイスを受けることが多いと思います。実際に株を始めると、経済にも興味が持てるし、日経新聞を読むのも苦ではなくなるかもしれません。そういう意味では、「とりあえず買ってみる」というのは間違いではありません。また、「失敗から学ぶものがある」というのも本当です。ここまでは、どの株の教科書を見ても、書いてあることです。

しかし、本当は「とりあえず買ってみる」だけでは、学べるものは少なすぎます。買うだけではなく「とりあえず買って、売ってみる」ことが大事なのです。買った銘柄を、1週間、1カ月保有するといった期間を決めるのでもいいですし、10％上下したらなど株価の幅で決めても構いません。株を売ることで、ようやく投資家としての第一歩を踏み出し「株式投資未経験者」を卒業できる。「買って売る」という投資のストーリーを一度完結させることが重要で、これを繰り返すことが一番の勉強であり経験になるのです。

高度成長期以降、不動産バブル時代までは、「株は買ったら上がるもの」という認識が持たれていました。ところが、それ以降は金融緩和でジャブジャブに溢れたお金がバブルを形成し、マネーが少しでも収縮を始めるとバブルが崩壊して株は大暴落。その解決方法として金融緩和をする、ということを繰り返しています。ＩＴバブルもそうでしたし、リーマンショックもそうでした。以前のように「株は買ったら上がる」という時代ではないので、構造的に株を買い続けるのは難しいでしょう。いまは金融緩和でマネーが膨らんでいる段階なのでいいのですが、ずっと持っていられるかといえばそうではない。だから、セミナーでは「いまは買って大丈夫ですか」「いつ売ればいいんですか」という質問攻めに遭います。でも本当に必要なのは、投資の経験を積みながら、半年、1年先を見て〝投資を続ける〟ということです。

何を買えばいいのか。売買のタイミングをどうするか。それは次章以降でお話しましょう。

日本株を殺すのは2つの相場

すべての相場は循環する――。これが私の最大の運用哲学です。株であれ為替であれコモディティ（石油、金などの商品）であれ不動産であれ、すべての相場は上がったり下がったりする動きを繰り返しています。規則性がなく無秩序なように見える上がり下がりの循環は、じつは相互に密接な影響を与え合いながら、一定の規則を持って動いているのです。それが「相場ローテーション」です。

こうした相場ローテーションの規則性を読み取ることができれば、資産運用の大きなアドバンテージになることはもちろんです。では、相場ローテーションにはどのような性質があるのでしょうか。

まずはスタートとして、みなさんがもっとも大きな関心を持っているだろう日本株のトレンドを見てみましょう。第二次大戦後の日本株の循環をまとめたのが左ページの図1になります。上昇トレンドは2年1カ月間続き、133％ほど上昇するというのが平均となっています。下落トレンドの場合は同じく1年2カ月で36％の下落となります。上がり下がりの循環がいつもこの平均に近い期間、率で繰り返されるのであれば、これほどラクなことはないのですが、見

（図1）日本株のトレンドを振り返る

日本株の上昇トレンド分析

上昇開始	上昇終了	上昇期間	上昇率	要因
1949年 7月	1949年 9月	2カ月	31%	戦後復興期
1950年 7月	1953年 2月	2年7カ月	458%	朝鮮戦争特需①
1953年 4月	1953年 9月	5カ月	63%	朝鮮戦争特需②
1954年 3月	1957年 5月	3年2カ月	90%	神武景気
1957年12月	1961年 7月	3年7カ月	288%	高度経済成長の始まり①
1962年10月	1963年 4月	6カ月	34%	高度経済成長の始まり②
1965年 7月	1966年 4月	9カ月	56%	いざなぎ景気①
1967年12月	1970年 4月	2年4カ月	103%	いざなぎ景気②
1970年 5月	1971年 8月	1年3カ月	42%	オイル危機までの成長期①
1971年 8月	1973年 1月	1年5カ月	148%	オイル危機までの成長期②
1974年10月	1987年10月	13年	694%	大国の仲間入り
1987年11月	1989年12月	2年1カ月	85%	バブル景気
1990年10月	1991年 3月	5カ月	34%	バブル崩壊からの反発①
1992年 8月	1993年 9月	1年1カ月	48%	バブル崩壊からの反発②
1993年11月	1994年 6月	7カ月	34%	バブル崩壊からの反発③
1995年 7月	1996年 6月	11カ月	56%	超円高からの回復
1998年10月	2000年 4月	1年6カ月	62%	IT景気
2003年 4月	2007年 7月	4年3カ月	140%	不良債権処理の終了・新興国景気
2009年 3月	2010年 4月	1年1カ月	58%	リーマンショックからの反発

日本株の下降トレンド分析

下落開始	下落終了	下落期間	下落率	要因
1949年 9月	1950年 7月	10カ月	-52%	朝鮮動乱
1953年 2月	1953年 4月	2カ月	-38%	スターリン暴落
1953年 9月	1954年 3月	6カ月	-35%	朝鮮戦争特需の反動
1957年 5月	1957年12月	7カ月	-21%	神武景気の終焉
1961年 7月	1962年10月	1年3カ月	-34%	岩戸景気の終焉
1963年 4月	1965年 7月	2年3カ月	-38%	証券恐慌
1966年 4月	1967年12月	1年8カ月	-21%	英ポンド切り下げ
1970年 4月	1970年 5月	1カ月	-24%	いざなぎ景気の終焉
1971年 8月	1971年 8月	4日	-21%	ニクソンショック
1973年 1月	1974年10月	1年9カ月	-37%	オイルショック
1987年10月	1987年11月	1カ月	-21%	ブラックマンデー
1989年12月	1990年10月	10カ月	-48%	バブル崩壊①（株）
1991年 3月	1992年 8月	1年5カ月	-47%	バブル崩壊②（不動産）
1993年 9月	1993年11月	2カ月	-24%	バブル崩壊③（不良債権問題）
1994年 6月	1995年 7月	1年1カ月	-33%	超円高（80円割れ）
1996年 6月	1998年10月	2年4カ月	-43%	消費増税～LTCMショック
2000年 4月	2003年 4月	3年0カ月	-63%	ITバブルの崩壊
2007年 7月	2009年 3月	1年8カ月	-62%	リーマンショック
2010年 4月	2011年11月	1年7カ月	-28%	ユーロ危機

ての通り、それぞれのトレンドにはブレが大きく、これだけで日本株の循環を予測するのは困難です。

では、何が日本株の循環に影響を与えているのでしょうか。

「株価は景気の先行指標」とよく言われるくらいですから、日本の景気と株価の動きには密接な関係がありそうです。ところが、分析した結果、景気だけを指標として使うことには無理があるようでした。もうひとつ日本株市場と密接な関係があるものとして、意識されるのが米国株です。日米の株価の循環を比べたのが左ページの図2です。

米国株が20％以上の下落となった13回のケースのうち、1980年の2回を除くと、いずれも日本株が20％以上の暴落を見せています。米国株が高値から20％を超えて下落した場合、日本株も暴落する可能性が高いということになります。みなさんがうすうす感じているように、日米の株価の循環には深い関係があります。

しかし、そうすれば次に「では、米国株は何によって循環するのか」と疑問に思うでしょう。米国株の循環する理由がわからなければ、やはり日本株の循環は読めないままです。「株価は景気の先行指標」との格言は米国株ではある程度、当てはまります。ただ、どの程度先行するのか、大きなブレがあり、そのままだと投資に応用するのは難しいようです。

では、金利ではどうでしょうか。一般的に「金利の上昇は株価の下落要因」と考えられてい

（図2）米国株に連動して急落する日本株

日経平均株価		米国株（S&P500）		日経平均株価	
下落開始	ボトム	下落開始	ボトム	下落開始	ボトム
1957年 5月	1957年12月	1956年 3月	1957年10月	1年1カ月遅行	2カ月遅行
1961年 7月	1962年10月	1961年11月	1962年 6月	4カ月遅行	4カ月遅行
1963年 4月	1965年 7月			米国株下落せず	
1966年 4月	1967年12月	1966年 2月	1966年10月	2カ月先行	1年2カ月遅行
1970年 4月	1970年 5月	1968年12月	1970年 5月	1年4カ月遅行	同時
1971年 8月	1971年 8月			米国株下落せず	
1973年 1月	1974年10月	1973年 1月	1974年10月	同時	同時
		1980年 2月	1980年 3月	日本株下落せず	
		1980年11月	1982年 8月	日本株下落せず	
1987年10月	1987年11月	1987年 8月	1987年10月	2カ月遅行	1カ月遅行
1989年12月	1990年10月	1990年 7月	1990年10月	7カ月先行	同時
1991年 3月	1992年 8月			米国株下落せず	
1993年 9月	1993年11月			米国株下落せず	
1994年 6月	1995年 7月			米国株下落せず	
1996年 6月	1998年10月	1998年 7月	1998年10月	2年1カ月先行	同時
2000年 4月	2003年 4月	2000年 3月	2002年10月	1カ月遅行	6カ月遅行
2007年 7月	2009年 3月	2007年10月	2009年 3月	3カ月先行	同時
2010年 4月	2011年11月	2011年 5月	2011年11月	1年１カ月先行	同時

ます。確かにそうなのですが、これだけでは説明として不充分です。分析の結果、見えてきたのは「米金融当局のオーバーキルが米国株価の下落要因である」ということです。オーバーキルとは、金融当局が金融政策を過度に引き締めて景気に急ブレーキをかけてしまうことです。オーバーキルが発生すると、景気後退へとつながり、米国株の急落をもたらしていたケースが多かったのです。「オーバーキルが確認された時点で米国株暴落の可能性が非常に高い」という法則が成り立つことになります。何をもってオーバーキルとするかですが、「名目成長率よりも政策金利が4%以上上回ったとき」が基準となります。

しかし、金融当局によるオーバーキルだけでは米国株暴落を充分に説明できません。ブラックマンデーや1998年のロシア危機のように、オーバーキルや景気後退をともなわない株価暴落があるからです。

相場ローテーションには大・小があります。株式はダイナミックな循環を繰り返す「大ローテ」であり、金利は比較的小型の循環を繰り返す「小ローテ」です。金利と株式では、ローテーションの種類が異なるため、金利だけでは株式の循環を説明することができなかったのです。

そこで参考にしたいのが米国の不動産（REIT）市場です。これは非常に大きなローテーションを描いており、米国不動産市場がひとつの循環を終える間に、株式市場では2、3回の循環があります。大ローテとよぶにふさわしい、大きなサイクルで循環しているのです。そのため、1970年代から見ても、米国不動産市場は4回の暴落しかありません。

直近では2007年1月です。ここから始まったのがサブプライムローン問題であり、リーマンショックでした。これを含め、過去4度の米国不動産市場暴落の局面では、いずれも米国株市場が暴落しました。景気や金利では説明できないブラックマンデーやロシア危機による暴落も、米国不動産市場の暴落によって説明できたのです。

ここまでの話を整理すると、米国株が20％以上下落したときには日本株も20％以上下げやすい。また、「①米国の名目成長率を政策金利が4％以上も上回っているとき、あるいは②米国不動産市場が暴落しているときに、米国株市場の下落が起きやすい」ということになります。

第2章

これさえやっておけば大丈夫！株式投資の基本

株投資の疑問 5

いつ買えば儲かるの？

鈴木

櫻井

岡崎

「景気が悪くて悪くてどうしようもない時が実は絶好の買いのタイミングなんです」

「みんながっくり来て株どころじゃない、っていうときがベストなんですね」

「ですが、それは投資を続けていないとなかなかできることじゃありません」

「買う」「売る」を完結させ自分の投資に必要な「道具」を揃える

ここからはどう株式投資に入っていけばいいのか、また投資家はどのように投資をすればいいのかをお話しましょう。

第1章の終わりにお話したように、相場の周期が短くなっている現在では、株式投資は「買ったら買いっぱなし」ではいけません。一度は自分自身で「買う、そして売る」というストーリーを完結してみることです。それを何回も何回も繰り返すことが重要です。投資する資金は小さくても構いません。ストーリーが完結すれば、その過程で得た成功体験、あるいは失敗体験、教訓や反省などを次に活かすことができます。

そうしてストーリーを積み重ねていくことで「投資を続けて行く上でどんな道具（ツール）が必要なのか」「自分の投資にとって何が必要なのか」が見えてくるはずです。

証券会社の選択ひとつをとっても、トレード用ソフトや商品のラインナップ、相談を聞いてくれる窓口の有無など、サービスの内容は様々です。取引を積み重ねることで、「自分がどのようなサービスを求めているか」を知ることができ、自分にとってベストな証券会社を見つけることができるのです。このような過程で、〝自分の株式投資〟にとって必要な「道具」を揃えていきましょう。

「マーケット・アナライズ流投資」に必要な道具はエクセルです。エクセルに様々なデータを貼りつけ、グラフも全て自分達で手作りしています。基本的に、ネット上にあふれているグラフやチャートをあまり信用していないこともありますが、やはりデータを生のまま一度ダウンロードして、そこから自分なりのやり方で加工し組み立て直すことで真の理解が得られます。一からデータを収集し、自らグラフやチャートを作成することで信用できる分析データが完成するのです。ただ、株式投資を始めたばかりでは、いきなりそのような作業をするのは難しいでしょう。それでも、何事も習うより慣れよです。実際、これは長年の投資経験を通して、自分が「必要だ」と感じたからやっている作業です。必要な道具をそろえて行く中で、「道具が人を育てる」こともあるでしょう。

儲けるためには「投資を続ける」ことがまず大事

現在はネット証券全盛の時代を迎えていますが、対面会社の証券会社を利用することも、時には必要だと指摘しておきます。プロゴルファーとして一世を風靡《ふうび》した全盛期のタイガー・ウッズでさえ、難コースの攻略にはキャディーからのアドバイスが必要だったように、ゴルフと同じで投資している自分の姿は自分では把握できないものです。自分だけで投資を続けていると、株式相場に対して斜めに構えているのか、正面を向いているのか、あるいは正しい投資手法、投資スタンスを選択しているのかなど、客観的な判断ができなくなることがあります。時には他人からアドバイスをもらうということも大切なのです。ネット証券だけでなく、1つだけでもいいので対面型の証券会社に口座を持っておき、自分が迷ったらアドバイスを求めに行くのもいいでしょう。他人が自分の投資手法や投資スタンスについてどう考えるかを聞くのも、投資を続けて行くために必要な作業と言えます。

もちろん、そのアドバイスを鵜呑《うの》みにする必要はありません。担当者の言いなりになって取引を続けていたのでは、自分にとって必要な道具やスタイルを見つけることはできないからです。あくまで、自分の投資スタイルを確立するための1つのツールとして、ゴルフで言えば自分が良いスコアを出して行くためのキャディーとして、対面型証券の窓口を利用するということです。ちなみに、ネット証券ではフェイス・トゥー・フェイスの投資相談は受けつけていませんし、個別の担当者もつきません。最近になって、大手ネット証券の一部で専門の窓口を設け、「ファイナンシャルアドバイザー」という形で顧客の投資相談に乗る会社も出てきてはいます。しかし、そもそもそういう対面型のサービスをせずに経費を削ることで、売買手数料など顧客が負担する費用を安くするというのがネット証券の〝ウリ〟です。その点で、ネット証券が対面型の証券以上に窓口のサービスを充実させるのはかなり難しいでしょう。また、ここまで長い間積み重ねてきたノウハウという面でも、投資相談に関してはやはり対面型の証券会社に分があります。

自分の性格やライフスタイル、投資できる資金の規模などは人によって様々です。また株式投資に「こうすれば100%勝てる」という、いわゆる必勝法のようなものもありません。他人の投資手法を自分のトレードの参考にすることは時には大切ですが、他人のマネばかりをしていても勝ち続けることはできないのです。

株式投資で最も大事なことは、「投資を続ける」ということです。バブル相場のような大きな上昇トレンドをとらえ、自分の資産を大きく増加させるためには、投資を継続して行う必要があります。そのためには、何度も何度も「買って、そして売る」という行動を繰り返し、自分にとって必要なツールが何かを見つけ、自分の性格やライフスタイルに見合ったトレードスタイルを獲得していくことが大切です。勝つことももちろん大事ですが、それ以上に投資を続けられるように努力してください。

大底圏では何の銘柄でもＯＫ 株は「景気が悪いとき」にこそ買え！

投資家の多くが、本質的に間違ってしまっていることがあります。それは、株を景気の良いとき買ってしまうこと。本当は株というものは「景気が悪いときに買う」ものだということです。基本的に景気が良くなれば株価は値上がりすることになりますが、皮肉なことに世間一般では、株価が天井圏に到達する直前に株式相場への関心が最も高まるものです。景気の波がピークの8合目、9合目まで上昇した時に初めて、「そろそろ株でも買おうか」という気持ちになる傾向が見られます。

確かに、景気が悪いと株価は下がり、値下がりしているときは株価なんて見たくもないものです。反対に、株価がどんどん上昇して、テレビや雑誌などで「株が上がっている！」と紹介されれば、買わないともったいないというような思いにかられる気持ちもよくわかります。投資に関する書籍を出版する立場で言うことではないのかもしれませんが、株に関する雑誌や書籍が数多く出版される時期は、株価がすでにかなりの値上がりを続けているときが多いのも事実です。反対に景気が悪くなり、株関係の本を書店で見かけなくなり、投資関係のテレビ番組が打ち切られるようなときこそ、株価の大底が近いと見ることができます。

GDP成長率と日経平均株価の推移

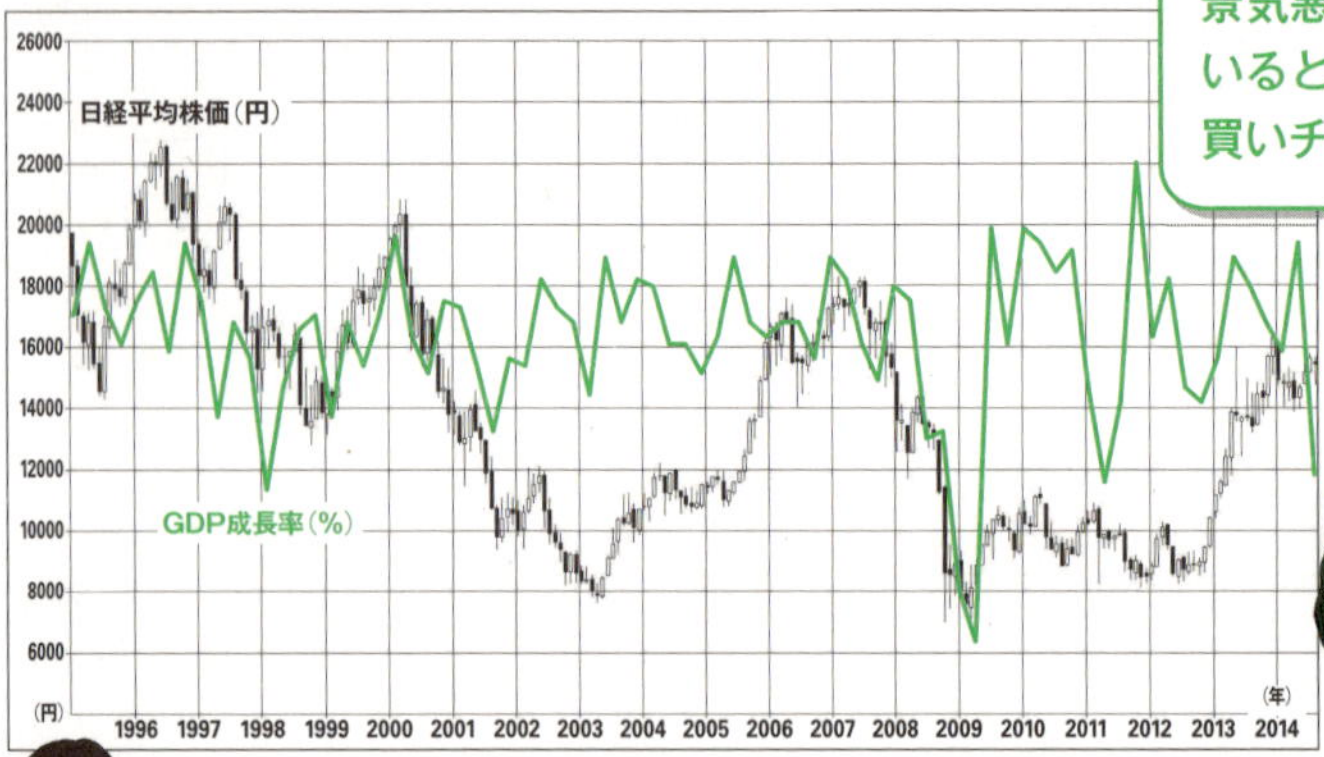

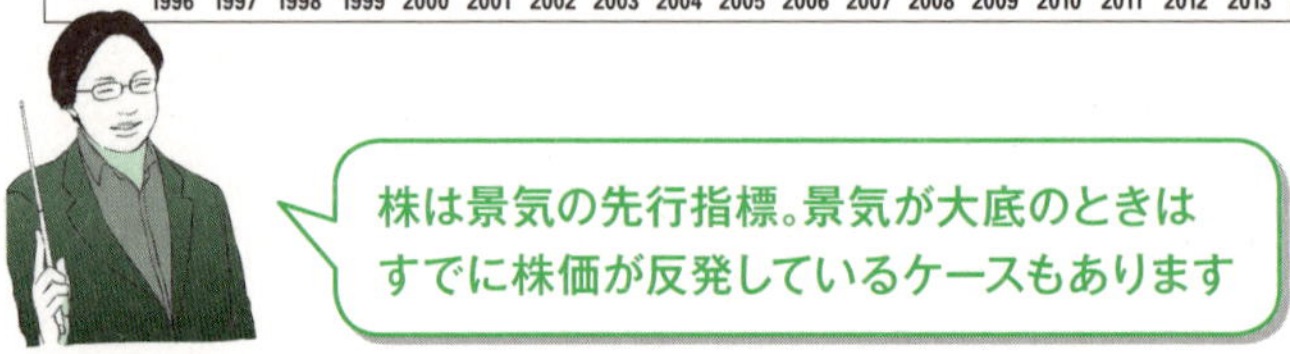

投資スタイルによっては、株価が天井を打って下がる局面で買っても勝ち続けることは可能ですし、大底近辺にあってさほど下がらないような状況でも負けることはあります。それでもやはり株価の大底近辺で買うことができれば、勝つ確率がグンと上昇することは確かなのです。

極論を言ってしまうと、株価が大底近辺にあるとすれば、買う銘柄というのは何でもいいのです。トヨタ自動車や新日鐵住金のように、発行済株式数や時価総額の規模が大きな大型株は、あまり株価が動かないというイメージがありますが、買うタイミングが景気のボトム付近であれば、そのような大型株を買ってもかなり利益を得られます。

実際、トヨタの株価はリーマンショック後、

3000円前後をウロウロし、一時は2000円台前半まで下落しましたが、2012年末から上昇に転じ、現在は6000円前後で推移しています。企業の業績もリーマンショック後の数年間はかなり落ち込みましたが、その時にトヨタ株を買っていれば、少なくとも大きく負けることはなかったでしょう。少し我慢して持っていれば、かなりの利益を得ることができたはずです。結果論に聞こえるかもしれませんが、トヨタ株が備えている復元力を信じられるのであれば、きちんと値上がり益を確保できます。

一番やってはいけないことは、景気が良く株価がどんどん上昇しているときに買い、株価が天井をつけて下がってもそのまま売らずに損失を抱えたまま、いわゆる「塩漬け」にしてしまうことです。すでに株式投資をしている投資家の中には、「それができれば苦労しない」と思われる方もいるかもしれませんが、「株は景気が悪いときに買う」という知識があるかないかで、投資行動とその結果は大きく違ってくるはずです。

株は景気が悪いときに買って、景気がいいときに売れば自然と儲かるものなのです。

株投資
の疑問 ❻

燃料電池車の発売はどう影響する？

岡崎

鈴木

櫻井

「燃料電池車の生産に必要不可欠な関連装置や部品、素材を手掛ける企業に注目です」

「水素ステーションなどのインフラ整備も普及に欠かせません」

「自動車を販売するトヨタやホンダ以上に変貌する銘柄もあるわけですね」

全上場企業から銘柄を選ぶのではなく まずは「キーワード」を決める

証券会社に口座を開設し、いざ株式投資をしようと思ったときに最初のハードルになるのが「何を買えばいいか」です。何を買えばいいのか迷ってしまう理由は、全上場企業３８００社、あるいは東証１部上場の１８００社から銘柄を選ぼうとするからです。初めは、自分の知っている有名な会社を５社ほどピックアップし、株価の動きに注視して、下げているところで買ってみるといいでしょう。株価の大底を狙ってタイミング良く買うのは非常に難しいことですが、株価が大きく値下がりした後にうろうろしているあたりで買うのであれば、まだ狙いやすいでしょう。しばらく持っているだけで意外な投資成果を得られると思います。

確かに、銘柄選びはたいへんな作業ですが、株式投資の最大の醍醐味《だいごみ》でもあります。なかなか銘柄を選びきれないという人は、まずは投資の「キーワード」を決めてみるとよいでしょう。キーワードを選ぶことで、スムーズに銘柄を選ぶことができます。

キーワードはどんなものでも構いません。「スマホ」、「山ガール」、「ウォーキング」、新聞を読んでいて気になったこと、ニュースサイトを見ていて気になったこと、あるいは街を歩いている時に目についたことでもＯＫです。そのキーワードにしたがって、いくつか銘柄をピックアップしてみる。これだけで株式投資のスタートラインに立てたことになります。

それでも選べないという場合は、運用成績（パフォーマンス）の良い、代表的な投資信託の組み入れ銘柄を調べてみるという手もあります。パフォーマンスが良い投信は、モーニングスターのような投信評価会社や、各証券会社のホームページの投信のページで「上昇率ランキング」のような形で見つけることができますし、投信に関するレポートなどでも発表されています。あとは、個別の投信のウィークリー、マンスリーレポートを見れば、その投信の組み入れ上位銘柄がわかりますので、その中から自分が気に入った銘柄を選んで買うという手もひとつの方法です。そこには運用成績のよいファンドマネジャーが厳選した銘柄がずらりと並んでおり、パフォーマンスのよい投信がどんな銘柄を買っているのかを調べることは、銘柄選びの参考になることは間違いありません。

「2つの方針」からキーワードを選ぶ その① 政府の方針

キーワードを選ぶ際にお勧めしたいのが、2つの「方針」です。

そのひとつは「政府の方針」です。国の政策はどのような方向に向かっているのか、に関心を向けることです。最近ではアベノミクスの『成長戦略』が最も注目すべき政府の方針と言えるでしょう。例えば、安倍首相は東京や関西、福岡などを「国家戦略特区」に指定し、特区内の規制を撤廃し税制上の優遇制度を設けることで、国内だけでなく世界中から投資マネーを呼び込もうとしています。それにより特区内のオフィス再開発が加速し、インフラが整備されるといった新たなビジネスチャンスが生まれつつあります。

政府の方針は法律の変更を伴います。法律がひとつ変わることで、新たなビジネスチャンスやマーケットが突如として生まれます。これは企業にとっても投資家にとっても大きなチャンスです。つまり、「政府の方針」には株価を大きく上昇させるキーワードが数多く散りばめられているのです。

「政府の方針」といってもピンと来ないかもしれませんが、ヒントは日経新聞などのニュースで見つけることができます。注目すべき点は、文章の書き出しが「政府は……」「国土交通省は……」や「厚生労働省は……」などのように、政府や官公庁が主語となっているものです。このような記事に気をつけて新聞報道に接していれば、自然と大きな相場のテーマに発展しそうな政府の方針や、それにともなうキーワードが見えてきたりします。重要な書き出しはほかにも「農林水産省は」、「経済産業省は」、「総務省は」あたりですが、反対に「財務省は」、「金融庁は」という書き出しの記事には逆の意味で注意が必要です。財務省や金融庁は、ときに増税や銀行の規制強化など、景気や相場動向にブレーキをかけることがあるからです。

現在の安倍政権の成長戦略では、先に挙げた国家戦略特区のほかにも、「女性活用」「インフラ整備」「雇用改革」「農業改革」など、様々なキーワードが浮かび上がってきます。なかなかキーワードが決められない場合は、まずは〝ニュースの書き出し、主語〟から探し出してみるとよいでしょう。

キーワード② 大企業の方針「ひらめき」と「発想の広がり」を養う

もうひとつは「大企業の方針」です。これは経営者の戦略や新しい市場への進出、中期的な経営方針などのことです。たとえばトヨタは、2015年から燃料電池車を発売する方針を打ち出していますが、それによって、燃料電池に関連する膨大なビジネスチャンスが生まれようとしています。トヨタばかりでなく、あらゆる業界の上位企業の方針は重要です。企業がこれからどの方向に動こうとしているのか、どういう商品開発に力を入れているのかを調べることで、キーワードが見つかるはずです。

株式だけでなく投資全般に言えることですが、投資には「ひらめき」や「発想の広がり」が

大規模な需要創出の可能性を秘める大企業の方針

会社名	内容
トヨタ自動車　日産自動車	2014～2015年に燃料電池車を本格発売
関西電力	2016年より前倒しで米国シェールガスの輸入を決定
三菱商事　三井物産	シェールガス生産・輸入に向けて総額100億ドルとも言われるキャメロンLNGプロジェクトに投資
東海旅客鉄道（JR東海）	2027年の開業に向け、2014年度中にリニア中央新幹線の工事を着工
東日本旅客鉄道（JR東日本）	田町-品川間に新駅設置。2020年代半ばに新路線「羽田空港アクセス線」を開業予定
ソフトバンク	世界一の携帯会社、時価総額世界一の会社を目指す
コンビニ大手4社（セブンイレブン・ファミリーマート・ローソン・サークルKサンクス）	2014年度に5000店弱の新規出店を計画

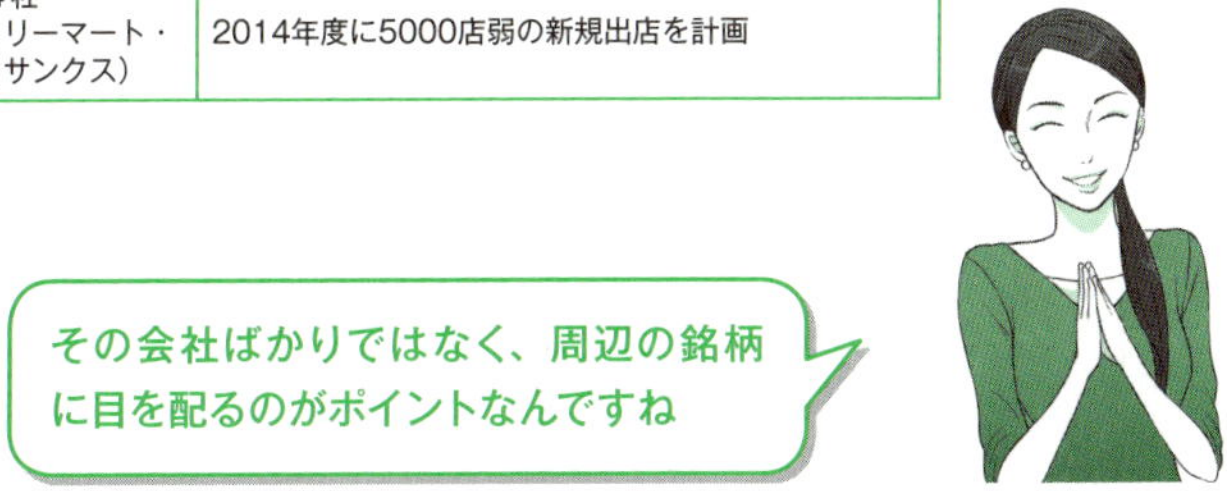
その会社ばかりではなく、周辺の銘柄に目を配るのがポイントなんですね

必要です。実際にトヨタは２０１５年中に燃料電池車を発売するという発表をしましたが、実はこのニュースでトヨタの株価はさほど上がりませんでした。株価が上がったのは、燃料電池車の動力に不可欠な水素を供給する水素ステーションを手掛ける岩谷産業や、水素を創り出す水素発生装置の三菱化工機など、燃料電池車の普及に関わる銘柄や、水素の製造に必要な素材や部品を手掛けている会社の株です。トヨタの株価が上がるのは、実際に燃料電池車が発売されて、それがある程度普及して、それで業績が押し上げられることが判明した時点でしょう。

　ｉＰｈｏｎｅを販売しているアップルの株価は、新型ｉＰｈｏｎｅの発売が発表されると反応しますが、これはすでにｉＰｈｏｎｅ

が世界的なヒット商品であり、新型が発売されれば、旧型からの代替需要も含めて必ず売れる、と思われているからです。iPhone向けに素材や部品を作っている企業の株価は、アップル以上に上がる可能性を秘めています。ヒット商品を作っている企業だけでなく、発想を周辺銘柄へと広げていくことが大事なのです。

株価が上昇するキーワードは世間にあふれていますが、それを全て把握しようとするのは大変ですし、現実的とは言えません。ここで取り上げる「2つの方針」を元にキーワードを選べば、株価の大きな波をとらえられる可能性が高まると思います。株式相場では、「発想の広がり」や「ひらめき」によって株価が大きく動くことがよくあります。こうした発想やひらめきは、関連銘柄を掘り下げていく作業の過程で生まれます。そういう意味でも、銘柄発掘は株式投資にとって大切な作業なのです。

気になるニュースは実際に体験してみることで投資に有利になることも

ここで政府や大企業の方針に着目したのは、この2つの方針が世の中のトレンドに大きく関わっており、大きなビジネスチャンスや市場の誕生を見つけることができるからです。もちろん、他にも日々の生活の中に株価を上昇する材料はいくつも潜んでいます。家電量販店の売れ筋商品ランキング、自動車の販売ディーラーの混み具合、航空会社のサービスの質など、全てが株式相場につながっています。決算発表で数字が発表される以前に、すでに現実は動いているということなのです。

これは株価の上昇だけでなく、下落に関しても同じことが言えます。

7月末、航空会社のスカイマークは、欧州の航空機メーカー大手のエアバス社に発注していた「A380」の購入費用が準備できず、発注のキャンセルで発生する巨額の違約金の支払いが必要になりました。一部では経営危機の可能性も生じています。そのニュースが報道された直後から株価は300円台手前から一気に半値近くまで急落しました。数字だけを見ていた投資家にとってみればこの発表は青天の霹靂《へきれき》かもしれませんが、しかし実は1年ほど前から、機体の整備不良で飛行機が飛ばなかったり、サービスが悪化するなど、今回の事態に陥る噂はあちらこちらから聞かれていました。

どんな商売でもお客様が「サービスが悪くなった、これからは利用するのはやめておこう」と思ってしまえばそれまでです。投資を行うに当たっては、そうした兆候を敏感に察知することが重要です。ときには、噂に耳を傾けることも大切なのです。

他にも、このような例はいくらでも挙げることができます。興味を持たない人にとっては単なるニュースにすぎない情報も、興味を持って掘り下げてみると、意外な銘柄が眠っているものです。ときには、そのニュースの源泉となっている商品を買ったり、直接その場所に出向いてみたり、実際にサービスを受けたりすることで何かしらの知識を得ることができます。ある業界の商品やひとつのサービスに精通しているということは、それだけで他の投資家に比べてアドバンテージとなるはずです。

身近な場所にもキーワードあり！コンビニでヒントを見つける

投資のキーワードが詰まっている身近な場所のひとつがコンビニです。コンビニには、世の中のトレンドが多く反映されています。例えば、ドリンクコーナー。どの商品にもっともスペースを割いているか。一番目につく場所に並んでいる商品はどれかを見ることで、売れ筋商品や「企業がどの商品の販売に力を入れているのか」が見てとれます。最近ではセブン-イレブンの「セブンプレミアム」などの、PB（プライベートブランド）商品が多く並んでいますが、PB商品の裏側のラベルにはどこのメーカーが生産を担当しているかが表記されています。もし、陳列棚に新たな商品のコーナーが設けられれば、その商品のメーカーには特需が発生するかもしれません。消費とメーカーを結びつける作業は、投資の世界のイロハです。

こうしたヒット商品やサービスを探す作業は、いわば「B to C（消費者を対象としたビジネス）」の材料探しになります。当然ですが、この「B to C」の他に、「B to B（企業間のビジネス）」にも株式投資のヒントが多く眠っています。

セブン-イレブンを頂点とするコンビニ業界は、昨年から国内外の出店攻勢を強め、過去最高のペースで店舗網を拡大させています。そうなれば、店舗建設を手掛ける企業や、内装・外装を手掛ける企業、店舗内のレジやATMなどを手掛ける企業などもその恩恵を受けます。これもまた、銘柄探しのヒントになるわけです。

成長を妨げる人手不足企業への投資は避ける

ここまで、キーワードで銘柄を選ぶ方法を紹介してきました。注意したいのは、切り捨てるべき（投資すべきでない）「逆のキーワード」が存在することです。

現在、日本経済は景気が上向くと同時に、どの業界でも人材確保に悩まされています。最近では、牛丼チェーンのすき家（ゼンショーホールディングス）が主に人手不足によって次々と閉店に追い込まれていることが報じられ、話題となりました。すき家に限らず、外食業界の人手不足は深刻な問題となっています。しかも簡単に解消できる問題ではありません。このような業界はひとまず投資対象から外したほうが賢明と言えそうです。

人手不足は、日本経済にとって構造的な問題であり、多かれ少なかれどの企業もその影響を受けています。すでに、人手不足が原因で次々と倒産する中小企業が続出しているという報道もありました。第1章で、設備投資業界において、受注をこなせずにビジネスチャンスを逃してしまう状況について触れましたが、外食チェーンでも「新規店舗を開きたいのに人材が確保できない」という事態が発生しているようです。

人手不足は今後の株式市場でも、大きな問題として取り上げられることになると思います。人材派遣会社の株が折に触れて人気化しているのは、この問題が背景にあるためです。もし、この問題をクリアできる業界や企業があらわれれば、株式市場での注目度も高まりそうです。

ユニクロを展開するファーストリテイリングは、全てのパート社員を地域限定の正社員に転換する方針を発表し、市場でも注目を集めました。「先んずれば人を制す」ということわざがあるように、この施策が成功すれば、ファーストリテイリングは人材不足問題から解消されることでしょう。その結果、人材不足が会社の成長を妨げるという事態を回避することができるため、社会や株式市場からはあらためて「勝ち組」として評価されることになります。

買う時には要注意！　逆キーワード一覧

逆キーワード一覧	内容
人材不足	建設業を中心に深刻な人材不足が発生中。今後の企業の成長が阻害される可能性あり
中国経済減速	当局は不動産バブルをソフトランディングさせようと必死。シャドーバンキングなど見えづらい問題も
政局混迷	日本市場のメインプレイヤーである外国人投資家は政治的不安定を嫌う傾向が強い
消費増税延期	消費増税の延期＝経済に何かしらの異常が発生しているサイン。日銀の追加緩和に期待？
経常赤字	円安が加速する一方で輸出量は増えず。経常赤字国転落ならさらに円安加速も？
再デフレ突入	実質賃金が増えないまま消費増税、物価高が続けば再度デフレに突入する可能性も
債券利回り急騰	ジャンク債や一部の欧州国債券などの金利急騰＝危機発生の前兆の可能性

前もって株価急落に向けた対策を練っておきましょう

これらのワードが頻発するような企業、相場のときは手出し無用でしょう

一方、人手不足の問題によっていつまでも成長が阻害されているような企業は、市場から退場の憂き目にあっても不思議はありません。当面の間、こうした企業に投資するのは避けた方が無難と言えるでしょう。

他にも、注意しておきたい「逆キーワード」を上に列記しておきました。自分が買おうと思った銘柄に逆キーワードが深く関わっている場合、買うのを止めろとまでは言いませんが、深追いは禁物です。また、これらの逆キーワードが雑誌や新聞、インターネットなどで頻繁に出てくるようになったときは、一旦投資をお休みするのもいいかもしれません。これらの逆キーワードがきっかけとなって、株式相場が大きく調整（下落）する可能性があるからです。

株投資の疑問7

ファンダメンタルズ分析って何?

鈴木

櫻井

岡崎

「一般的には、業績や財務内容を調べて株価にどう影響するか分析することです」

「いまは決算書や有価証券報告書がホームページでチェックできるけど……」

「こだわりすぎると自由に動けなくなるので最初はざっくりした分析で構いません」

POINT

ファンダメンタルズ＝PERは大間違い 本当の意味を理解する

ここでは株価の水準を判断するための「ファンダメンタルズ分析」と、「テクニカル分析」のとらえ方について述べます。

第1章でも触れたように、株価は最終的には企業の収益に大きく左右されます。どんなに全体相場が悪い状態でも、相場がクラッシュしていない限りは、収益が急拡大していれば株価も上昇します。ファンダメンタルズは日本語で「経済の基礎的条件」という意味ですが、投資の世界でいう「ファンダメンタルズ分析」とは、企業の将来的な売上や利益を予想し、それによって株価が割安か割高かなどを判断することです。

ビジネスモデルを理解していれば、予想される業績の数字が完全に正しいかどうかは別として、商品がどの程度売れればどれだけの売上や利益がついてくるかが、頭の中でイメージすることができます。トヨタの新車が4－6月期の四半期で10万台売れ、それによって営業利益が2000億円伸びたとします。すると1台あたりの営業利益は20万円になる、という計算です。ここまでイメージできれば、次の7－9月期の途中で「何万台売れた」というニュースが伝わってきた時点で、おおよその利益が予想できるわけです。

こうした分析を初めから行うのは難しいかもしれませんが、少なくとも自分が投資対象として選出した銘柄に関しては、この程度の分析は行うべきでしょう。

ファンダメンタルズ分析でよく登場するのが「ＰＥＲ（株価収益率）」です。ＰＥＲは、株価をＥＰＳ（一株あたり利益）で割って算出され、現在の株価が企業の一株あたり利益の何倍に相当するかをあらわしています。ここで気をつけておきたいのは、業種やセクターによってＰＥＲの水準は違っているということ。8月の時点で、卸売業全体の平均予想ＰＥＲが約9倍なのに対し、不動産業の平均予想ＰＥＲは約23倍と、業種やセクターごとにＰＥＲの水準は大きく異なっています。個別銘柄のＰＥＲの水準だけでは割安・割高は判断できません。

仮に、10億円の利益でＰＥＲが１００倍の銘柄があったとします。一般に、ＰＥＲ１００倍は割高と判断されるでしょう。しかし、株価が同じ水準であれば、利益が2倍の20億円に成長することでＰＥＲは2分の1の50倍に下がります。利益が１００億円になったらＰＥＲは10倍の水準です。

要は、その時点のＰＥＲの水準だけで、割安か割高かを判断することはできないということです。ファンダメンタルズ＝ＰＥＲという考えは、間違いの元なのです。ＰＥＲは「安いから買う」とか「高いから売る」という判断の基準にするのではなく、買おうと思った時に「いまＰＥＲは15倍だから、他のライバル企業と比べても高くはないな、よし買おう」という程度のイメージで構いません。

株は、細かく分析をしても、負けるときは負けます。また、詳細な分析が自分の投資行動を縛る可能性もあります。最初は大ざっぱでいいのです。まず一歩目を踏み出しましょう。

「夢を買う相場」は値動きだけを見て売買する

株式相場には、ＰＥＲだけでは株価の位置を説明できないケースが数多くあります。

例えば、昨年のバイオ関連株相場では、利益成長を全くともなっていないにもかかわらず、信じられないほど高値まで上昇する銘柄が続出しました。これは、話題性や遠い将来の成長性などの「夢を買う相場」だったからと判断されますが、こうした銘柄についてはファンダメンタルズによる分析は全く通用しません。

昨年から大相場を形成しているスマホ向けゲーム関連銘柄も同じことが言えます。ただしスマホゲーム関連は、ひとたび大ヒットゲームを生み出せれば爆発的な成長が可能なため、バイオ関連よりは説明はつくかもしれません。

昨年、『パズル&ドラゴンズ』のメガヒットによって、一躍株式市場の主役に躍り出たガン

ガンホー・オンライン・エンターテイメントの営業利益と株価、PERの推移

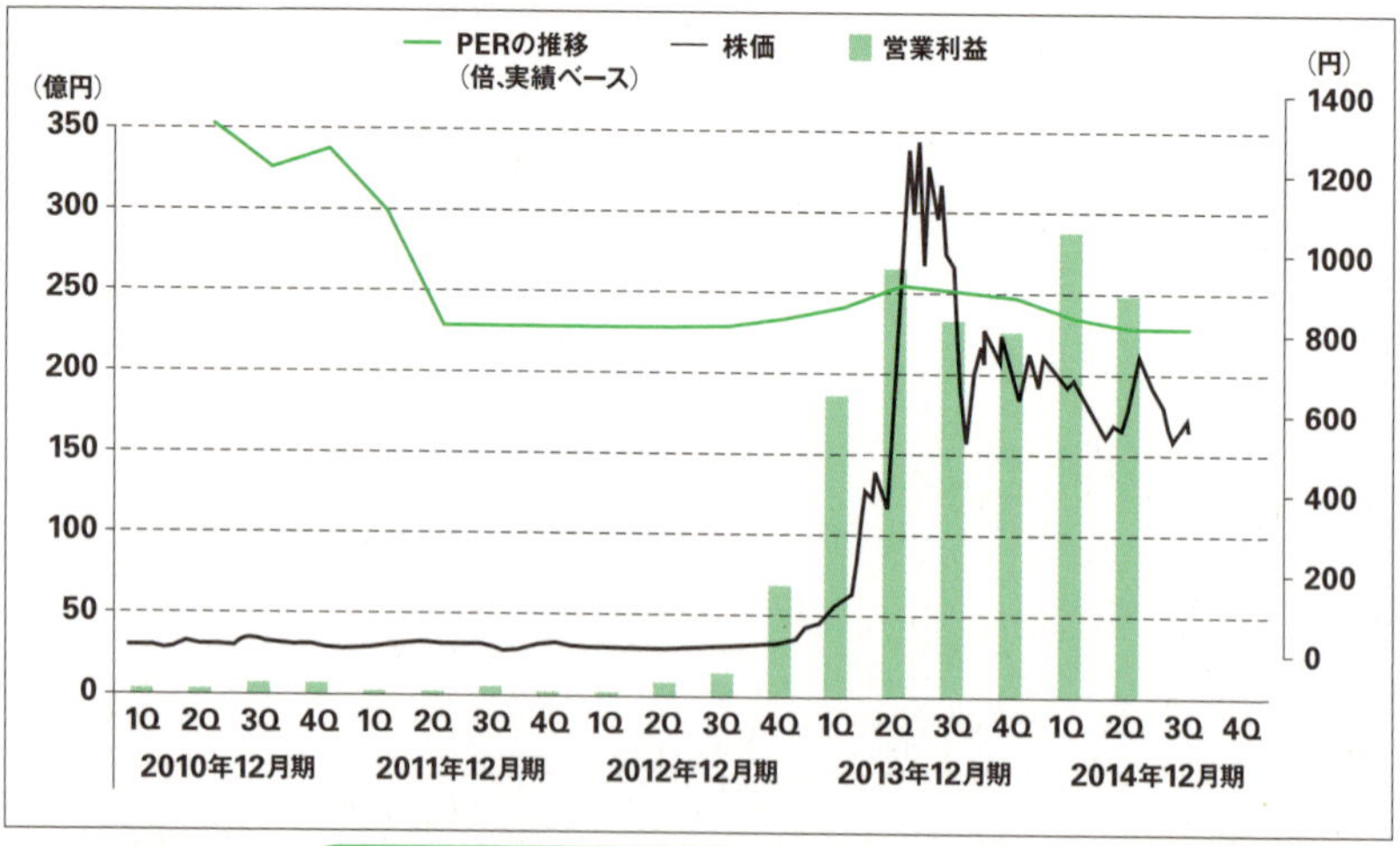

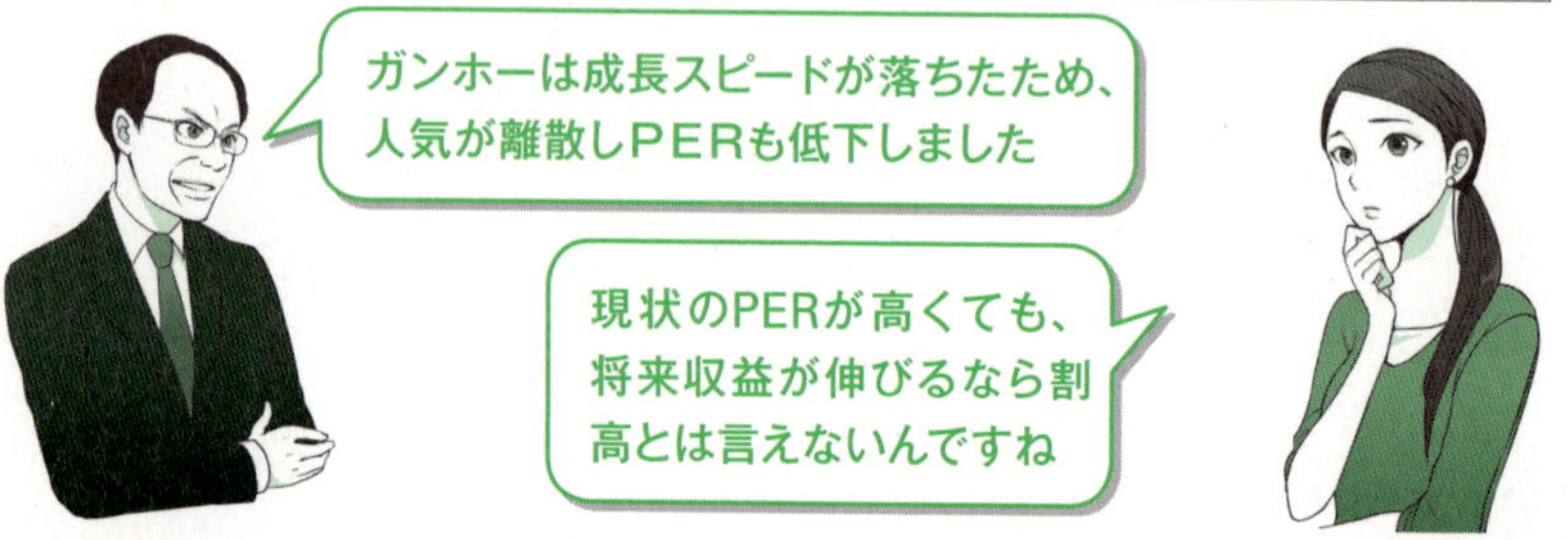

ホー・オンライン・エンターテイメント。その株価は、1年足らずのうちに90倍に大化けしました。ガンホーの純利益は、2011年12月期の16億円から、わずか2年で約34倍の547億円にまで膨れ上がり、その過程で株価も大きく値上がりしたわけです。このガンホーの成功例が他のスマホゲーム関連の株価にも火をつけ、PERでは説明のできない水準まで買い上げられていきました。今年に入っても、ミクシィが開発したスマホゲーム『モンスターストラ

イク』が大ヒットし、ミクシィの株価はわずか3カ月弱で6倍に暴騰しています。

こうした現象は、いわば光に集まってくる蛾のようなものです。光が明るければ明るいほど、蛾はどんどん群がってきます。光の明るさ（人気）だけが先行して、株価が急上昇・急降下を繰り返すのも、株式投資の一面をあらわしていると言えます。このような銘柄は、株価の値動きだけを見て売り買いをしていくことになります。ファンダメンタルズによる投資とは、全く別物と考えるべきですが、「夢を買う」のも、株式投資の魅力の1つではあります。

「テクニカル分析」は確認のためだけに使うべし！

株式投資には、株価の水準や値動きを数値化した、様々な指標があります。その指標を用いて株価のトレンドや過熱具合、将来の値動きなどの動向を探るのが「テクニカル分析」です。中には、テクニカル分析だけで投資を行う投資家もいます。

テクニカル分析の基本中の基本である「ローソク足」は、投資に興味を持っていれば目にしたことがあるでしょう。他にも、移動平均線やボリンジャーバンドなどの「トレンド系分析」、RSIやストキャスティクスのような「オシレーター系分析」の2つの流れに分かれます。ト

テクニカルチャートの見方
（ファナック・6954の例）

短期（日足）はやや弱含みとなっていますが、中期（週足）では保ち合い、長期（月足）では上昇基調となっています
3つのトレンドが異なっているので、自分の投資スタンスにあわせた売買のタイミングを考えましょう

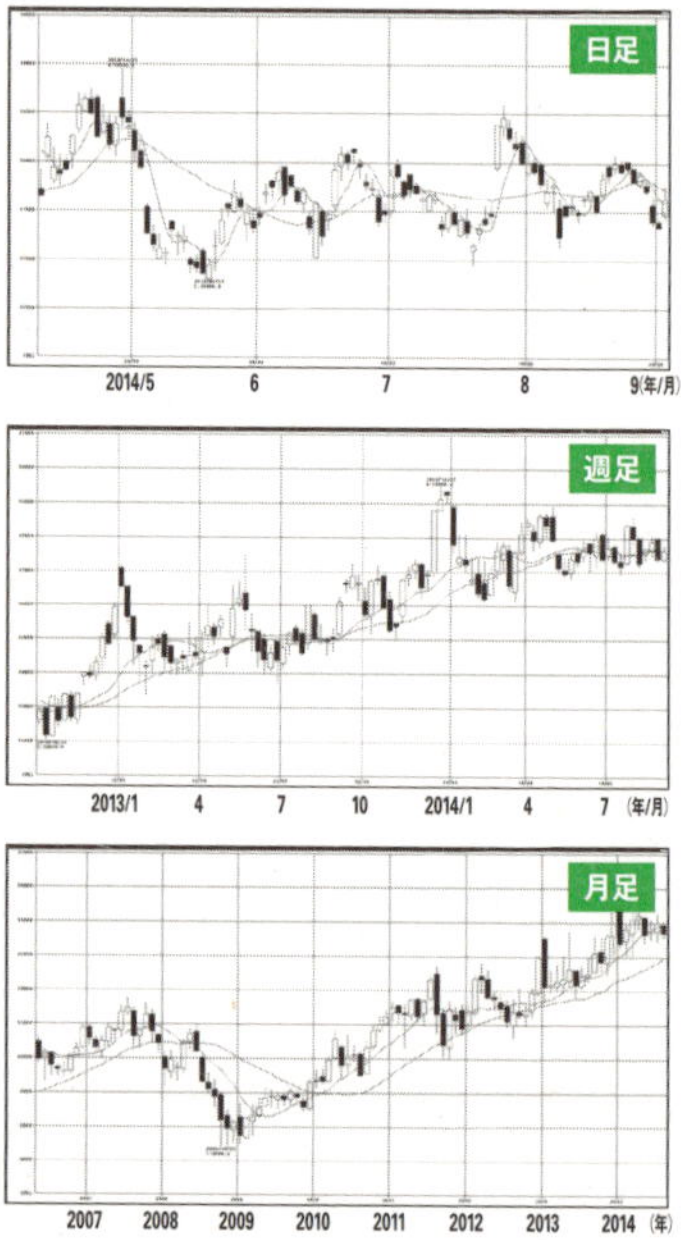
日足
2014/5
6
7
8
9(年/月)
週足
2013/1
4
7
10
2014/1
4
7 (年/月)
月足
2007
2008
2009
2010
2011
2012
2013
2014 (年)

レンド系は、その名の通り株価のトレンドを見るためのチャートで（ローソク足もトレンド系に含まれます）、オシレーター系は主に「買われすぎ、売られすぎ」といった株価の過熱具合を測るためのチャートです。問題は、各種のチャートによって長所と短所があるうえ、銘柄や相場の状態によって有効性が変わってくることです。そのため、「どのチャートを見ればいいのか」と頭を悩ましている投資家も多いようです。

そもそも「このチャートを見れば確実に勝てる」という魔法のチャートは存在しません。株の教科書本には、「トレンド系とオシレーター系を組み合わせ、売買のタイミングをはかりましょう」と書かれてありますが、生兵法はケガの元。特に、「オシレーター系」のテクニカルチャートは、数字をとる期間によってチャートのパターンが全く異なるため、盲信は危険です。中途半端な勉強で勝てるほど甘くはないのです。

ここでは「最低限押さえておくべきチャート」を紹介したいと思います。それは、「日足」「週足」「月足」の時間軸の異なった3つの「ローソク足」と、ローソク足チャートの中に描かれる「移動平均線」です（右ページ図参照）。

押さえておくといっても、これまたテクニカル分析の教科書によく出てくるようなローソク足や移動平均線の形を〝分析〟して、売買タイミングを計ることが目的ではありません。現在の株価の水準が何日前、何週前、何カ月前の平均値と比べてどの程度高いのか低いのか（水準、乖離《かいり》率）、あるいは株価や移動平均線が上向きか下向きかを目視で確認し、短期・中期・長期のトレンドがどの方向に動いているのかを〝確認〟するためです。

例えば、ある銘柄を買うとします。買う前にローソク足と移動平均線の状態を見て、「短期（日足）では下がっているけど、中期（週足）と長期（月足）では上がっているから、今が買い時かもしれない」とか、「移動平均線からかなり上方に乖離していて、少し過熱しているようだからもう少し待ってみよう」という程度の認識で構いません。

他のテクニカル指標は自分で計算して数字をはじき出し、独力でチャートを描けるくらい熟練してから活用することをお勧めします。

買う銘柄を決めた後は複合的に判断する

この章の冒頭で、「キーワードによる銘柄選び」を提案しました。仮に、設備投資関連の企業が注文をさばききれないほど好調というニュースを見て、「設備投資」をキーワードに選んだとしましょう。まずは、設備投資関連の銘柄をいくつかピックアップしてみます。その数銘柄の売上や利益の伸びをチェックし、「この銘柄が良さそうだ」と判断した後に、その銘柄のＰＥＲやチャートを見るわけです。

「ＰＥＲ30倍か。もうみんな目をつけていて株価が上がっているな。チャートも上向きではあるけど、移動平均線からかなり上に乖離しているから、今日はこの銘柄を買うのは止めよう」

「別の設備投資銘柄のＰＥＲは10倍か。時価も移動平均線とほぼ同じ水準で推移しているな。よし、この銘柄を買ってみよう」

このような手順で買う銘柄を決めればいいのです。

株式投資というものは、まずは「売り買いありき」です。買うか売るかを決めてから、改めてファンダメンタルズやテクニカルの部分をチェックするというのは、株式投資のあるべき姿と言えるでしょう。ファンダメンタルズ分析もテクニカル分析も、参考にするツールのひとつとして活用すれば十分です。

ただし、何度も言うように「買ったら買いっぱなし」ではなく、買ったら自分が決めたルールにしたがって売ることを忘れてはいけません。完結した後に、自分のキーワード選びが正しかったのか、関連銘柄の選び方が間違っていなかったか、売買のタイミングの判断がきちんとできていたかなどを振り返り、次のストーリーに役立てることが大事なのです。

株価が動いていないときにこっそり買う

株式投資をする上で、売買のタイミングは非常に重要です。同じ銘柄の売買でも、タイミングによって勝ち負けが大きく左右されます。「いつ買うか」「いつ売るか」ということは、株式投資では最も重視すべき課題であると言えます。

一般的には、売買タイミングはファンダメンタルズ分析やテクニカル分析を用いて判断するとされています。しかし相場を目視し続けることで、もっと単純に判断することもできます。それは、相場が動いていないときこそ、買いのチャンスということ。できれば出来高が減ってきていて、その銘柄を買っている投資家が少ないときに、静かに仕込んでおくのが理想です。

仕事などの事情で毎日相場をチェックすることが難しいという人も、スマホやタブレットパソコンを使えば、ほんの数分の移動の間に株価をチェックすることができます。相場が動いているのか、いないかを確認するだけなら、週に何度かの株価チェックだけで十分です。

「麦わら帽子は冬に買え」という格言があるように、株で大きく勝つためには人と反対の感覚を持つことが大切です。冬は誰もが夏の麦わら帽子のことは忘れてしまいますが、いずれ夏はまたやってきます。真夏に鍋焼きうどんを食べたいと思う人もおそらく少ないでしょう。冬に食べたアツアツの鍋焼きうどんを、真夏の猛暑のもとで食べたいと思えるかどうか。

要は株価が動いていない時点でいかに買うかです。そうすれば、選択したキーワードに関して新しいニュースが報じられて株価が上昇したときに、ひとりだけの幸せが待っています。

そして、株価が急激に上昇するなど、大きく動いているときが売りのタイミングになります。「昼の間に輝いている星を見つけ、夜になって明かりが灯って蛾が集まって来たときに売る」というわけです。これこそが株式投資で勝つための秘訣なのです。

先ほどの「麦わら帽子は冬に買え」のほかにも、最初に取り上げた「人の行く裏に道あり花の山」という相場格言があります。「人と同じ発想ではなかなか大儲けすることはできない、人とは違うもののとらえ方にこそ、花の山、大儲けの種が隠れている」という意味です。生活していくうえでは、ときには長いものに巻かれる必要もあるでしょうが、この投資に限って言

動いていないときこそ買え!

トヨタ自動車(7203)・月足

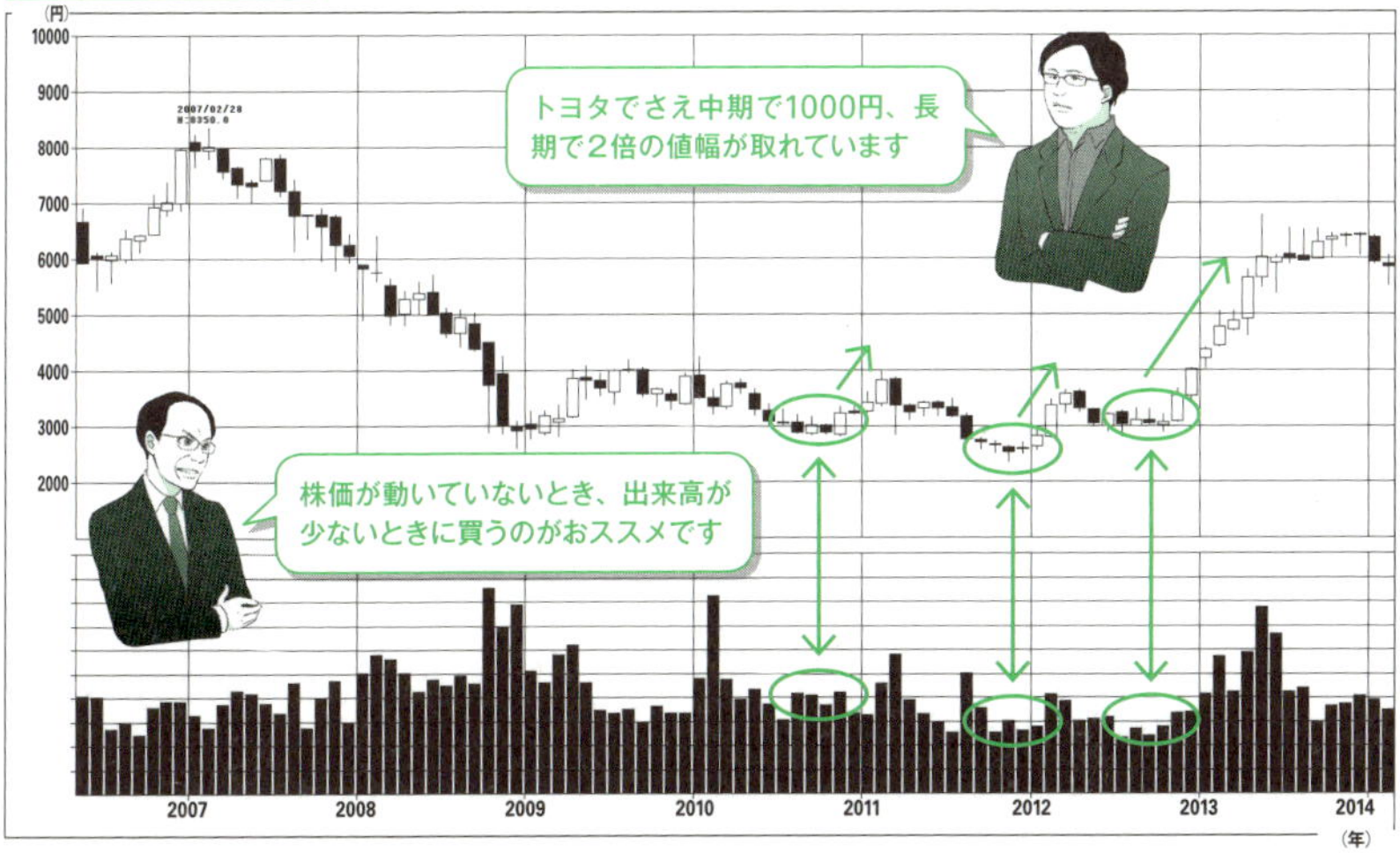

えば、長いものに巻かれてばかりでは、いつまで経っても人より大きな利益を上げることは難しいでしょう。

著名投資家のピーター・リンチも、「ウォール街の常識には当てはまらない発想から10倍株(株価が10倍以上に値上がりした株)は生まれる」と言っています。

大相場は、少数派が多数派になる過程(あるいはその逆)で生まれるものです。批判的な考えや、人とは違ったものの見方を養うことは、株式投資の成功への道なのです。そういう意味で、テレビも新聞も、批判的に見たり読んだりすることを身につけて下さい。

小ローテをコントロールするFRB

株や不動産といった大ローテに属する相場の循環については、おぼろげに見えてきました。これらの相場は上昇するにしたがって、さらに上昇していく傾向があります。株式市場の上昇によって投資家の購買力が高まり、景気を拡大させ、新たな資金が株式市場に投入されて、さらに上昇するといった「資産効果」が期待できるためです。下落するときは反対に「逆資産効果」が働きます。

しかし、金利や為替などの相場が属する「小ローテ」にはまた違う性質があります。金利の上昇や通貨高は景気を抑制する力を及ぼします。金利上昇により景気は沈静化し、通貨高は輸出産業の国際競争力を低下させ、やはり景気を沈静化させる力が働きます。日本でも現在は異次元緩和が行なわれており、あわせて為替市場では円安へと誘導させるアベノミクスが進行中です。金利や為替が日本銀行によって操作されているのです。

このように、小ローテでは小ローテの相場はすべて中央銀行などの金融当局によって動かされています。とくに格段に大きな影響力を及ぼしているのが、世界の中央銀行の総元締めといえるＦＲＢ（米連邦準備理事会）です。

（図3）米金融政策と米ドル／円

引き締めの開始	米ドル/円の谷	緩和の開始	米ドル/円の山
1973年 1月	1973年 3月	1974年12月	1975年12月
1977年 8月	1978年10月	1980年 5月	1980年 4月
1980年 9月	1981年 1月	1981年11月	1982年10月
1984年 4月	1984年 4月	1984年11月	1985年 2月
1987年 9月	1998年11月	1990年10月	1990年 4月
1994年 2月	1995年 4月	1995年 7月	
1997年 3月		1998年 9月	1998年 8月
1999年 6月	1999年12月	2001年 1月	2002年 2月
2004年 6月	2005年 1月	2007年 9月	2007年 6月
以降、アメリカは3度にわたるQEへ			
		2008年11月QE1（～2010年 6月）	
		2010年11月QE2（～2011年 6月）	
		2012年 9月QE3	

本当にそうなのか、ＦＲＢの金融政策と米ドル／円の循環を比較したのが上の図３です。１９９５年７月の金融緩和から１９９７年３月の引き締めまでは金融政策の転換と相場の山・谷が一致していませんが、それ以外はすべて、ＦＲＢの政策スタンスと米ドル／円相場は安定して一致した関係を見せています。１９９５年は１ドル79円75銭の歴史的安値をつけた年であり、日本銀行は強烈な円売り介入を行いました。そのために関係が崩れたものと思われます。

ＦＲＢの政策スタンスと米ドル／円相場との関係を平均で見ると、ＦＲＢの引き締め開始からおよそ７カ月で為替はドル高円安に転じます。ところが、ドル高円安トレンドは長続きせず、利上げ開始から平均２年３カ月後にドル高円安のピークを迎えます。

一方、FRBが金融緩和を始めてからおよそ5カ月でドル高円安はピークを迎え、米ドル/円は下落へと転じます。この円高トレンドがいつ終わるのかですが、これについては明確な法則性はないようです。

最近ではFX（外国為替証拠金取引）を通じて、為替市場へも気軽にアクセスできるようになっていますし、海外株に投資する際には為替も重要なポイントになります。円や米ドルと並ぶ3大通貨のひとつであるユーロについては、どうでしょうか。

同じ為替市場同士ですから、米ドル/円とユーロ/米ドルの動きには関係がありそうです。両者の関係を比べると、ユーロは円に先んじて、あるいは同時にローテーションの転換点を迎える傾向があります。対ドルで見ると、円安のピークはユーロ安のピークから遅くとも1年11カ月以内、また、円高のピークはユーロ高のピークから遅くとも1年2カ月以内に訪れるといった傾向が見られます（図4）。

値幅についても確認しておくと、米ドル/円は上昇トレンド、下降トレンドともに3割ほどの変動となります。「米ドル/円が1回動き出すと、30%ほど変動する」と覚えておくとよさそうです。

ユーロ/米ドルとの関係でみると、米ドル/円は、ユーロ/米ドルの変動幅の7割ほどの動

（図4）ユーロ/米ドルと米ドル/円の転換点を比較

ユーロ/米ドル		米ドル/円	
山（ドル安ユーロ高）	谷（ドル高ユーロ安）	谷（ドル安円高）	山（ドル高円安）
1973年 7月	1973年 3月	1974年 1月	1975年12月
	1978年10月		1980年 4月
1980年 1月	1981年 1月		1982年10月
	1984年 4月	1985年 2月	1985年 2月
1987年12月	1988年11月	1989年 6月	1990年 4月
1991年 2月		1991年 7月	
1992年 8月		1994年 1月	
1995年 4月	1995年 4月	1997年 8月	1998年 8月
1998年10月	1999年12月	2000年10月	2002年 2月
2004年12月	2005年 1月	2005年11月	2007年 6月
2008年 7月	2010年 6月	2011年10月	
2011年 5月	2012年 7月		

（図5）ユーロ/米ドルに遅れて転換する米ドル/円

きとなります。ユーロ／米ドルが10％動けば、米ドル／円はおよそ7％動くということです。

先ほど、米国株と米国不動産の関係について説明しましたが、米国不動産と関連のある市場はあるのでしょうか。米国内には見当たりませんでしたが、答えは意外なところにありました。日本の金融政策です。

過去の米国不動産がボトムをつけて上昇に転じた局面では、数カ月後に日本銀行が利下げを開始しています。背景にあったのは日本が毎年10兆円以上生み出していた経常黒字だったのかもしれません。巨額の過剰流動性が日本の利下げによって行き場を失い、その一部が米国不動産に流れたというシナリオです。ただ、日本の経常収支は２０１３年下期に赤字へ転じました。これによって日本の金融政策と米国不動産の関係にも変化が出てくる可能性があります。

日本の金融政策の転換点についても調べてみると、米国の金融政策がヒントになることがわかります。ＦＲＢの利上げ開始から平均1年4カ月後に日本銀行も利上げに転じ、ＦＲＢの利下げ開始から平均4カ月遅れで日本銀行も利下げを開始するといった、日本銀行がＦＲＢの後を追いかける性質です。

ここまでをまとめると、為替市場はＦＲＢの金融政策による部分が大きく、また、ＦＲＢは日本銀行に先行して政策を変更し、日本の金融政策が引き締めから緩和に転じるとき、米国不動産は底打ちから上昇に向かう可能性がある、ということになります。

第3章

金融商品を買ってみよう！

株投資
の疑問 ❽

株がインフレに強いのはなぜ？

岡崎

鈴木

櫻井

「インフレはお金の価値が下がるから
株＝実物資産がモノを言うんです」

「不動産や金の価値も上がりますが株は他
にはないメリットがありますからね」

「じゃあ、REITは不動産と株の
〝美味しいとこどり〟とも言えますね！」

株式投資は個人投資家に有利な運用法！

投資をする際の選択肢は、何も株式投資だけではありません。そのほかにも投資信託や先物・オプション取引、金をはじめとしたコモディティ（商品先物取引）、ＦＸ（外国為替証拠金取引）、ＣＦＤ（差金決済取引）など、様々な金融商品が存在します。かつては対面型の金融業者に出向かないと取引できない金融商品が多かったのですが、ネット上でのトレードが普及したことで、一般の投資家にもより身近になっています。また、株式投資においてもＥＴＦ（上場投資信託）やＲＥＩＴ（上場不動産投資信託）の銘柄数が増えており、投資家の頭を悩ませていることと思います（ＥＴＦ、ＲＥＩＴについてはＰ１０５～にて説明）。いずれの商品にもメリット・デメリットがあり、一概にどの金融商品が優秀とは言い切れません。

しかし、やはり「投資家にとって身近である」という点では、株式投資は圧倒的に優れていると言えます。第2章で株式投資の手がかりは、コンビニなどをはじめあらゆるところに潜んでいると述べました。プロのような専門的な知識がなくても、自分に身近なヒントで勝負し勝つことができる唯一の金融商品が株式投資でしょう。

もちろん、世界の政治や経済、紛争などの情勢を把握しておくことで、株式投資が有利に進められることは確かです。しかしそういった事象を全く知らなくても、自分が得意とする分野で手がかりとなる材料を探し、勝負を挑むことが可能です。また、株式を保有していると、その会社の株主総会に出席するなど株主としての権利も得られます。株主総会に参加することによって、その会社の経営をより身近に感じることができるでしょう。こうした金融商品は、株式だけです。FXや先物・オプションなどのデリバティブ、コモディティなどの金融商品は、個人投資家とは縁遠いところで変化していて、投資家に直結する部分はほとんどありません。

実は、プロとアマチュアの力の差が極めて少ないのが株式投資です。プロの中でもなかなか成績を残せない人もいれば、短期的にはどんなプロよりもはるかに優れたパフォーマンスを打ち出す個人投資家もいます。野球やサッカー、相撲などのスポーツでは、プロとアマチュアの差は歴然としていますが、株式投資の世界は、アマがプロをしのぐことも少なくありません。

さらに言うと、機関投資家などのプロには買うことのできる銘柄、保有できる期間が制限されているなど、色々な取引上の制限があります。その点、個人投資家にはそのような制限は全くありません。これらを総合して考えると、個人投資家にとって株はどの金融商品よりも優れていると言えます。

株式は一種の「権利書」メリットをしっかり活用する

株はインフレに強い金融商品です。不動産と同様、実物資産とほぼ同じと見られますので、インフレになれば自然とその価値は上がります。また、株式にはインカムゲイン（配当による収入）があるのも大きな特徴です。金や土地・不動産にはそれがありません。厳密にいうと、不動産投資の中には配当が出るものもありますが、インカムゲインの存在が株式投資の大きなメリットのひとつであるのは間違いありません。

株というのは一種の〝権利書〟です。例えば、国債や社債を買っても、国や企業に対してこちらから何らかの実力を行使することではきません。ＦＸ取引を行っていても為替市場にモノが言えるわけではないし、金を買っても商品市場に影響力を及ぼすことができるわけではありません。これらの金融商品と比べると、株式は唯一、その企業に対して権利を行使できる金融商品と言えます。「権利を行使できる」という観点から株式を買うというのも、ひとつの方法です。勝つ・儲けるという視点からは少し離れますが、「その企業が気に入っている」「企業の経営に参加したい」という気持ちをもって、企業の株を買うというのも一手でしょう。

株式と同じような上場銘柄ですが、個別企業とはやや性質の違う種類の金融商品に、ＲＥＩ

株式投資の特徴・メリット

- インフレに強い
- 経営に参加できる
- 値上がり益（キャピタルゲイン）+配当（インカムゲイン）の両方が得られる
- 身近な材料で投資できる
- 経済や世の中の流れに敏感になる
- 株主優待がもらえる（※優待制度を採用をしている企業に限る）
- 株式分割によって企業の成長などに応じた株式数増加の恩恵を受けられる

Ｔ（不動産投資信託）とＥＴＦ（上場投資信託）があります。いずれも東証に上場していて、個別企業の株式と同じように売買することが可能です。

ＲＥＩＴは、投資家から集めた資金で不動産に投資し、その家賃収入が配当として投資家に支払われる不動産ファンドの一種で、投資主総会（株主総会のようなもの）に参加できるなど一定の権利が行使できます。ＥＴＦや投資信託（投信）にはそのような権利はありません。権利があるかないかというのも大きな違いです。

ＥＴＦは、日経平均やＴＯＰＩＸなど特定のインデックスに価格が連動する投信の一種。上場しており、株式と同じように常時売買できる点が、従来の投信とは大きく異なっています。ETFの最大のメリットは、「どの銘柄を買ってよいか判断がつかないが、とりあえず上昇しそうなので株式を買っておこう」という場合の投資に適していることです。

例えば、南アフリカやロシア、ブラジルという自分が行ったこともないような国の株式に投資するには、ETFを買うことが最も近道です。ワールドカップやオリンピックが開催され、当分はこれらの国の景気が良さそうだと感じても、その国の個別の銘柄については全くわかりません。こういうときに、その国の指数をETFで買っておくことができます。

また、最近では日経平均のような大元となる指数の2倍の値動きをする「レバレッジ型ETF」や、指数が下がると価格が上がる「インバース型ETF」など、ETFの種類も増えています。信用取引などを活用することで、より大きな投資成果が得られたり、投資リスクが抑えられるというメリットもあります。

投資信託は約5000本　全上場銘柄より数が多い！

投信は、一般に株式よりも売買手数料や信託報酬などの経費がかかります。そのため自分でその投信が組み入れている銘柄を直接買えるのであれば、そちらの方がいいでしょう。ただ、数は少ないですが、株価指数を大きく上回るパフォーマンスを挙げている、天才的なファンドマネージャーが運用する投資信託（以下、投信）も中にはあります。それは、その投信の組み入れ銘柄と、運用成績を見ることでチェックできます。組み入れ銘柄を見てみると、比較的安定した値動きのトヨタやソフトバンクが組み入れ銘柄の上位に入っていて、なおかつパフォーマンスもさほどのものでなければ、その投信を買うメリットはあまりありません。

反対に、上位の組み入れの半分程度が他の投信ではまず見られないような銘柄で、かつ継続的に好成績をあげている投信は、「天才的なファンドマネージャー」が運用している可能性が高くなります。こうした投信は、投資する価値ありと言っていいでしょう。

ただし、投信は現在で5000本近く存在します。上場企業の3800社より多いくらいですから、その中からこのような観点で良い投信を見つけることはかなり難しい作業と言えるかもしれません。投資家が独力で探すより、実力のあるファンドアナリスト、例えば『岡崎・鈴木のマーケット・アナライズ』に定期的に出演してもらっている吉井崇裕氏などの分析を参考にするのもいいでしょう。

もちろん、投信への投資には将来性のある個別銘柄を自分で見つけ出す選択の手間が省けるというメリットはあります。何らかのニュースに触れて、例えば「よし、建設株を買おう」と思ったとして、個別銘柄を調べても何を買えばいいのか分からない場合は、とりあえず建設株セクターを中心に投資している投信を買えば良いわけです。ネットで「建設株　投信」と検索するだけで、関連する投信がいくつも出てきます。ETFにも同じようにセクターを絞りこんだものがありますが、流動性に乏しく、また種類が少ないのも難点です。その点、投信は非常にラインナップが豊富で、ETFのようなリアルタイムでの投資はむずかしくても、ほぼ買いたいときに買って、売りたいときに売ることができます。

ETFや投信は、個別銘柄を調べる時間がない場合に、「とりあえず買っておこう」という、〝とりあえず買い〟の手段として有効だと思います。

株投資の疑問 ⑨

「トレイリング・ストップ」って何？

鈴木

「株価が上昇したところを基準に、どんどん利食い・損切りラインを底上げする手法です」

岡崎

「大きな上昇の波をとらえられるのがメリットですね」

櫻井

「利益確定に慣れて、物足りなくなったら活用すると良さそうですね！」

株式投資は相場の小さな波をとらえるところからはじめる

投資手法は一昼夜で身につくものではありません。ひとつのストーリーを積み重ねていく過程で発生した問題や反省点などを克服し、それを繰り返して行くことで確立するものです。景気には短期・中期・長期の波、いわゆる「サイクル」がありますが、3〜5年ほど投資を続けると、景気の大底では相場がどういう動きをするのか、景気回復の5合目あたりではどういう銘柄群が買われるのか、などの独特のパターンを経験することができます。運が良ければ、バブル的な大相場を体験することができるかもしれません。

株式相場では3カ月程度のもっと短い波や周期も存在します。最初から大きな波をとらえようとしても、なかなか難しいでしょう。しかし、短期間の小さい波であれば、相場の動きを眺めていると比較的容易にとらえることができるようになります。最初のうちは相場の小さな波をとらえようとしてみてください。

長期から短期の景気サイクルを何度か経験することによって、景気や相場のサイクルをつかめるようになり、投資するべき銘柄群や売買のタイミングが身につくようになるはずです。そのためには、5年から10年、20年という時間が必要になりますが、それならば定年して退職金

景気の長短サイクルと株価の動き

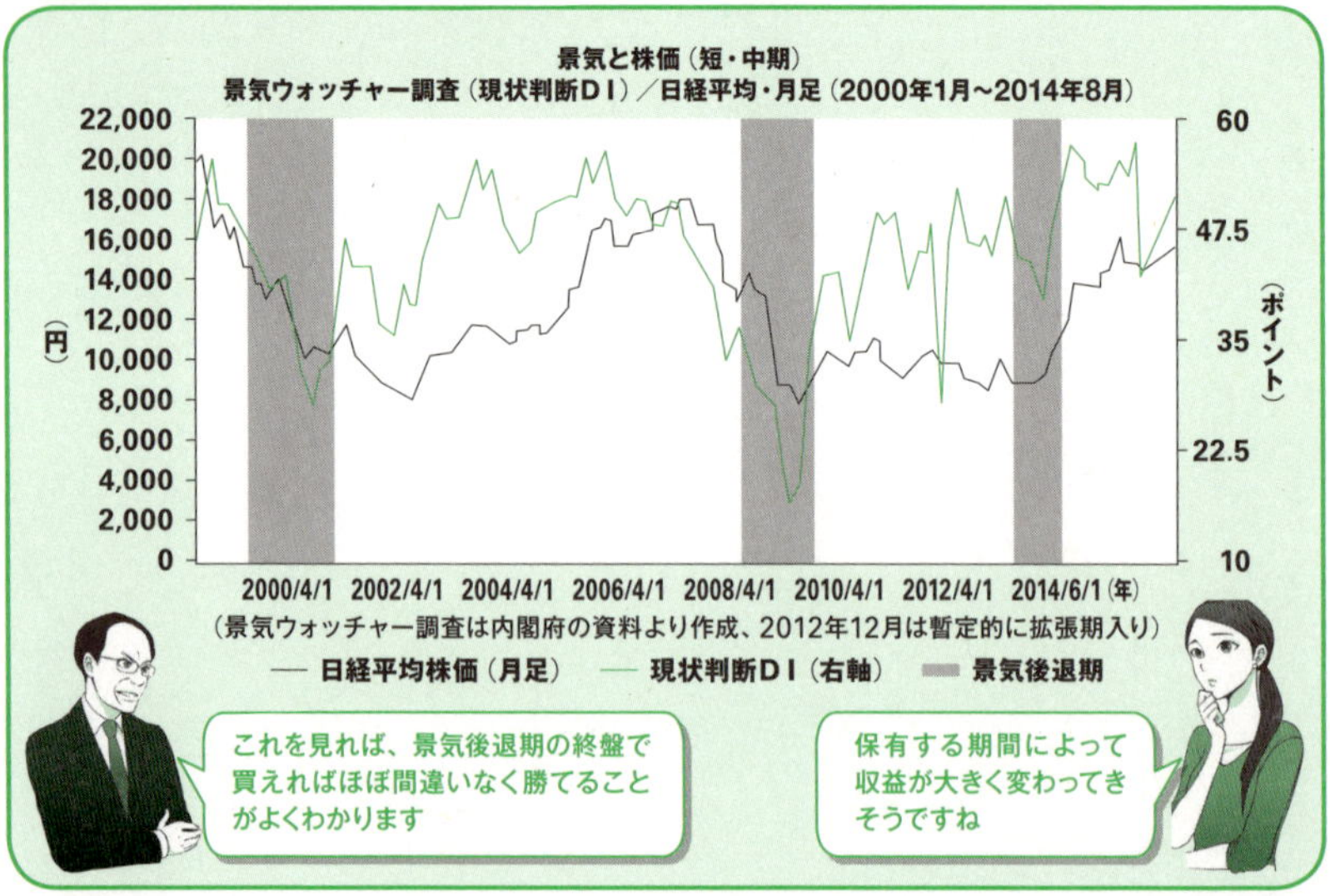

（景気ウォッチャー調査は内閣府の資料より作成、2012年12月は暫定的に拡張期入り）

をもらってから株式投資を始めるのでは遅すぎます。何百万、何千万円という退職金を手にしても、最初はどういう投資行動を取ればよいのかわからないからです。そこでとりあえず銀行の窓口に行って相談すると、自分がよく理解できないまま、勧められるまま投信や外貨預金、預金などに分散して投資することになるでしょう。お金に全く困っていない富裕層ならそれでもさほど問題はないでしょうが、少しでも効率的な投資をして資金を増やしたい人にとっては間違った方法です。

比較的早い段階から投資を始めておけば、退職金をもらう段になって景気や相場のサイクルを知ることができ、60歳過ぎでも多くの投資チャンスをつかむことができるでしょう。株は年をとってお金に余裕ができてから始めるのではなく、若いうちからやるべきです。

投資で大ケガをしないための危機察知能力を身につけよう

株式投資では、「危機を察知する能力」が求められます。長期にわたって投資を続けるためには、やはり一度の危機で大ケガをしないことです。ここでいう「危機」とは、短期間に株価が20％以上下落することを指します。そのような急落が起きる前に、株式への投資金額を減らして現金の比率を高めるといった対応策を取れるか取れないかで、その後の投資人生が大きく変わってくるでしょう。そうした対策が取れない人は、やがて資産が半分になり、10分の1になり、やがて株式市場から退場せざるを得なくなってしまうかもしれません。そのように、大ケガをして市場から退場した人を数多く見てきました。

２０００年以降では、平均株価は２０００年の4月から２００１年の9月までの約1年半、２００７年7月から２００８年10月までの1年余りの2回、50％を超える下落を経験しました。２０００年からの下げはＩＴバブル崩壊から米国の「9・11」までの一連の流れ、２００７年からの下落はサブプライムローン問題からリーマンショックまでの一連の流れによって起きたものです。いずれもデリバティブを中心とした金融市場の中で、金融緩和を背景に生まれた巨額のマネーが焦げついたことが危機の引き金となり、あるいは危機を助長したという共通点があります。このような現象は、一般の投資家には全体像が見えにくいかもしれませんが、第1章で書いたように、金利動向をチェックすることで大きな危機の到来を察知することができるはずです。人生においても、株式投資においても、危機を察知する能力を身につけた人が生き残るということです。

「損すれば負け」ではない！株式投資は塩漬け銘柄を作ったら負け！

株式投資では、誰もが儲ければ勝ち、損をすれば負けと考えがちです。「儲ければ勝ち」はその通りですが、「損をすれば負け」となるかというと、そうではありません。損をするのは確かに悔しいですが、その失敗を次の投資に活かすことができれば、負けではないはずです。

株は「塩漬け」の銘柄を作ったら負けです。塩漬けにしてしまうと、その間、その銘柄に投資した資金が全く動かせなくなってしまうからです。塩漬けとなる前に損切り（損失を確定させること）をして、現金にしておくこと。そうしないと、何らかの投資チャンスが訪れたときに買い出動することができず、指をくわえて上昇相場を眺めているだけという辛い思いを味わうことになります。将棋でも麻雀でも、「次の一手」が打てなくなったときに勝敗は決します。

買った銘柄を塩漬けにしないためには、その銘柄を買う前に利食い（利益を確定させること）のポイントと、損切りのポイントを決めておく必要があります。そのポイントは、「時間」で決めても「値幅」で決めても、あるいはその両方で決めてもOKです。

「株価が500円のときに買ったから、600円まで上がったら売ろう」とか、「PER15倍のときに買ったから、PERが20倍になったら売ろう」など、大雑把で構いません。もし、自分が決めたルールでうまくいかない場合は、どうしてうまくいかなかったのかを考え、その反省を活かして違うルールを設定するようにしましょう。

大雑把なくくり方ができないのであれば、「株価が15％上下したら売る」など、値幅で決めてしまうこともひとつの方法です。損切りというのは精神的にきわめて厳しい作業であるため、そのようにかっちり数字で決めておくことで、少しでも精神的な負担を減らすことができます。

ちなみに、お勧めは「20％上昇したら利食い・15％下落したら損切り」です。もし、自分の見込み通り株価が上昇して、上昇率が20％に達したとき、その価格を基準に「20％上昇したら利食い・15％下落したら損切り」と新たに設定するという手もあります。このように損切りの価格を切り上げていく手法を「トレイリング・ストップ」と呼び、株価の大幅な上昇をとらえる手法として活用されています。

もうひとつ、パーセンテージで行う売買ポイントの設定を、ボラティリティ（株価の値動きの変動率）を使って決めるという方法もあります。値動きが小さい相場・個別銘柄の場合は、数字を高めに設定してもなかなかそのレベルに到達しないでしょうし、値動きが大きい相場・個別銘柄の場合は、数字を小さめに設定すると、すぐに損切りしなければならなくなってしまいます。そのため、そのときどきの相場状況に見合った水準を設定していくわけですが、これはやや上級者向けの手法と言えるでしょう。

さらに、株価が動かないときの対処法をあらかじめ決めておくことも大事です。利食いや損切りポイントを決めたのに、肝心の株価が全く動かないことはよくあります。その場合は、「3カ月保有して動かなかったら売る」など、時間で区切って売るといいでしょう。一番いけないのは、自分の決めたポイントやルールを破って、いつまでも持ち続けてしまうことです。

中には、一銘柄を数年単位で保有するシナリオを描く人もいると思いますが、現在はビジネスや景気の周期が短くなっているため、もし景気のボトム付近でうまく買えたとしても、最長でも3年程度の保有にとどめておくのがベターだと思います。

ひとつの取引における勝ち負けとは別に、株式投資では、「勝ち組」と「負け組」が常に存在します。勝ち組は、やはり株式投資で大きな資産を築くことに成功した人たちでしょう。一方、株でいくら負けたとか、資産が半分になったとか、そういう経験をした人たちが必ずしも負け組というわけではありません。ヘッジファンドは、いつも高いパフォーマンスをあげているイメージを持っている人が多いと思いますが、そうではありません。ヘッジファンドは、世間のイメージでは富裕層から資金を集め、デリバティブなどを駆使して高い運用成績を狙う積極型のファンドとされています。しかし本来は「ヘッジ」（保険・つなぎ）のように、安全志向の運用を行うファンドでした。積極型というイメージが定着しているのは、成績の悪いファンドが早々に解散に追い込まれて存在しなくなっているからです。その解散に追い込まれたヘッジファンドこそ負け組と呼ばれるべきでしょう。成功しているヘッジファンドの裏側には、おびただしい数のヘッジファンドの亡き骸が横たわっていて、それは一般の投資家には見えません。

個人投資家でも、負けたら負けっぱなし、持っている株も塩漬け、あるいは株式投資から完全に撤退となれば、それは負け組に属することになるでしょう。

大事なのは、一度や二度の失敗で市場から退散せずに、投資を続けて行くことなのです。次に向けてきちんと準備をして投資に挑む。これを続けていれば、いつか大きな相場の波をとらえることができるはずです。イチロー選手が10年連続して200本安打を打てたのも、ヒットを打てない日があっても、次の日の試合に向けて準備を続けていたからなのです。

株投資の疑問⑩

「分散投資」は本当に重要なの?

岡崎

鈴木

櫻井

「色々な金融商品に分散したり、銘柄を分散するのはあまり意味がないんです」

「それらは20世紀型の投資で、これからは21世紀型が求められるのではないでしょうか」

「〝銘柄分散〟は、もう古いってことか……」

今後必要となるリスク管理「シナリオ分散」を徹底する

投資を続けて行くためには、やはりリスク管理が必要です。リスク管理には、資産のリスク管理と、投資戦略のリスク管理の2種類があります。

まず、資産のリスク管理について述べます。企業では、営業キャッシュフロー（本業で得られる現金収支）を超えて設備投資を行えばハイリスクとされますが、個人では、基本的に年間の貯蓄額の範囲内で投資を行っていればまず問題はないでしょう。投資で損失が出ても生活を切り詰めるまでには至らないからです。ところが投資額が貯蓄額を上回ると、もし投資で大きな失敗をした場合、年間の貯蓄額以外にストックとしての貯金（内部留保）がない場合は、明日からの生活に影響が出ることになります。これは危険な兆候です。ストックとしての貯金がない人は、最低でも年収の半分以下に投資を抑えることです。そうでないと、節約したり、生活水準を切り下げる必要が出てきます。

よく株の教科書には「分散投資でリスクを抑えましょう」という説明がなされていますが、個人的には、こうした分散投資は全くのナンセンスだと思っています。分散投資も「銘柄の分散」や「金融商品の分散」など様々ですが、２００８年秋のリーマンショックのときはどうだ

岡崎流「戦略の分散」の一例

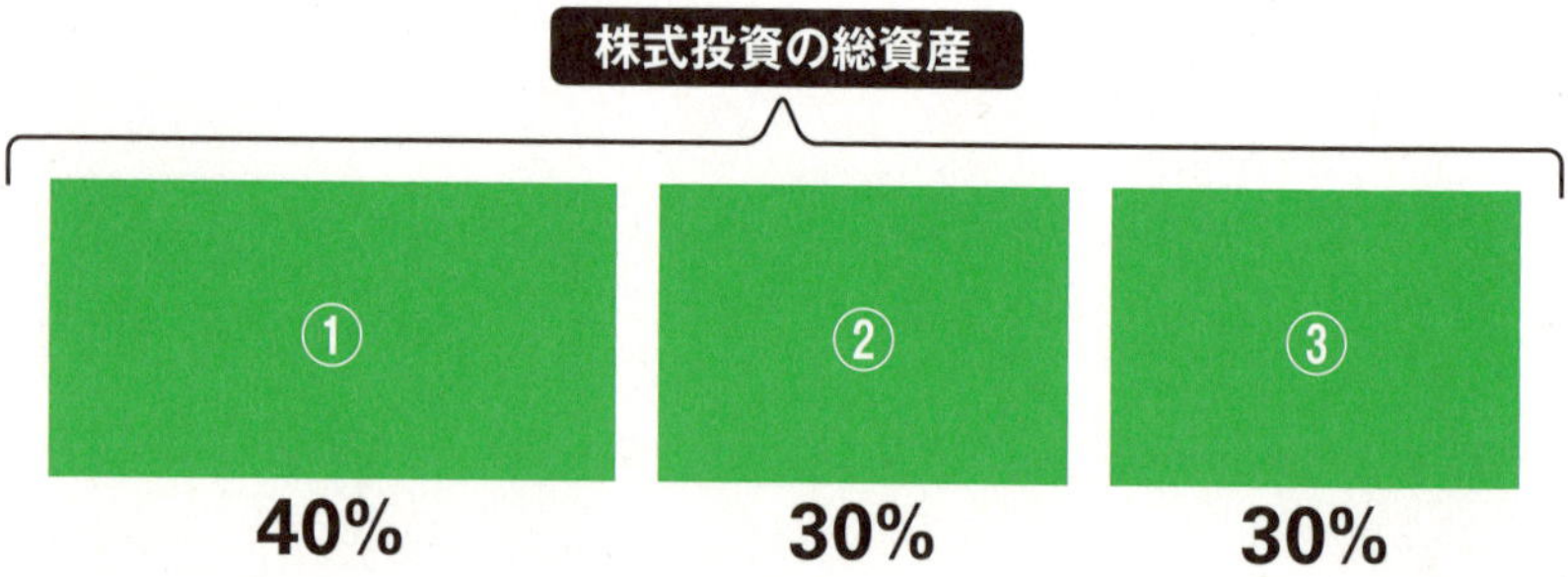

① 自分自身の戦略・分析による投資

② 自分とは投資スタイルや戦略が異なる人の分析・判断に基づく投資

③ テクニカル分析などに基づいたシステマティックな投資

ったでしょうか。いくら銘柄を分散していても、金融商品を分散していても、結局は大きなダメージを受けてしまいました。現在はデリバティブ市場の拡大によって、リーマンショックのような大きなクラッシュが起きる確率が高まっています。いくら資産を様々な金融商品に分散しても、その効果は多寡《たか》が知れています。もはや、資産の分散というのは成り立たない時代になっているということです。

今後必要になってくるのは、「戦略（シナリオ）の分散」です。具体的には、「これから日本の景気は良くなるから、この業界（セクター）の株が上がるだろう」という〝自分が描いたシナリオ〟に資金の3分の1強を投資する。その一方で、「岡崎がこう言っている、鈴木がこう言っている」というように、誰か他の人が描いたシナリオに3分の1、自分も誰も思っていないような暴落相場への対処に残りの3分の1を投資するといった具合です。意思決定の違うシナリオに資金を分散していくというのが、21世紀型のリスク管理だと思います。ひとつだけのシナリオに全資金を投じるというのは、あまりにリスクが高すぎる投資となります。その中には、「資金を休ませる」という戦略が入っても不思議ではありません。

世界的な投資家、ウォーレン・バフェットも、かつては自らが選んだ銘柄でファンドを運用していましたが、現在は複数のファンドなどに投資資金の運用を任せるなど、複数の人に意思決定を任せて（＝戦略を分散して）投資を行っています。

「そうだ、○○に聞いてみよう」というようなテレビＣＭにつられて、○○証券に全てを任せてしまってはいけないのです。

今年から来年にかけての投資のポイントをしっかり探る

米国の金融政策の変更がないという前提であれば、現時点での景気回復ペース、企業業績の状況を踏まえると、日経平均株価の1万5000円台というのはフェアバリュー（適正価格）

と見ています。ここから業績などの伸びしろが期待できる分、上に振れやすいと思います。例えば、企業業績が現状の予想より10％伸びれば、日経平均は1万5000円から10％の上昇、1万6500円～1万7000円程度への上昇が見込めます。他には、為替が円安に振れるのも日経平均の上ブレ要因となります。

現在の日本企業の経営の能力や収益力を考えると、5～10％程度の業績の上ブレは期待できるため、日経平均も5～10％の上値は基本線と言えるでしょう。株式相場は基本線から上ブレ・下ブレするものなので、相場が盛り上がればさらなる上値をつける可能性も十分あります。このシナリオにしたがってジリ高基調となりそうです。

現在の日本株が適正水準にあり、業績などプラスアルファの部分で株価が上ブレするという観点に立てば、ここから買われるのはやはり「これまで買われてきた株」であり、「これまで買われてこなかった株」は引き続き相場の圏外に置かれる可能性が高いのではないでしょうか。よく株式市場では「割安に放置」とか「出遅れ株の見直し」という表現が使われますが、現在まで割安に放置されている株は、いつまでも割安に放置され続ける可能性が高いでしょう。割安に放置されているからという理由だけで安易に手を出すと、自分も相場から放置されてしまうことになりかねません。

投資戦略を立てるうえで相場急落リスクへの対処は不可欠

もっとも、日本株のジリ高シナリオには乗り越えるべき2つのハードル、条件があります。ひとつは、景気がこのままよくなり続けて、消費税の引き上げがすんなりと行われ、かつ法人減税も進むこと。もし、不測の事態が起きた場合は、日銀の追加金融緩和によって相場を下支えすることも必要になってきます。不測の事態とは、例えば経済指標などが悪化して2回目の消費増税が年内に決定できないという状況です。そのような事態に陥った場合に日銀が追加緩和に動かないとなると、相場の下ブレリスクが高まります。

もうひとつは、米国の金融政策です。ＦＲＢがいつ利上げに動くか。米国の利上げは、早すぎても遅すぎても株式市場にとってリスクとなります。現在、金融市場では２０１５年の半ばから後半、7月以降に利上げが行われるというのがメインシナリオとなっていますが、ＦＲＢのメンバーはそれよりも少し早い段階で利上げに動いたほうが、その後の相場に与えるショックが小さくなるということを、過去の利上げの局面を通して身をもって知っています。

米国の景気回復が順調であれば、利上げは7月よりも早く行われる可能性が高いでしょう。過去の利上げ局面における失業率や設備稼働率の水準と、現在のその2つの指標を比べると、いつ利上げが行われても不思議ではない段階に来ていることは確かです。

そうなった場合、米国の株式市場は最大で10％程度の調整となることが予想されます。同時に、日本株も10％、あるいはそれ以上の調整局面を迎える可能性が高いと思いますが、長期的にはそこが押し目買いの絶好のチャンスとなりそうです。反対に、早期利上げよりは可能性は低いでしょうが、もし利上げのタイミングが２０１５年の冬以降にずれ込むなど想定より遅れた場合は、どこかにバブルの芽が蓄積されていくことになりますから、利上げに動いた時のショックはより大きくなるでしょう。利上げのタイミングが遅ければ遅いほど、ＩＴバブル崩壊やリーマンショックのような暴落が起こる可能性が高まります。

こうした事態を軸に、２０１４年後半から来年にかけての投資戦略を立てるべきです。基本的には買いを中心とした戦略で問題ないと思いますが、そろそろ利上げという雰囲気になってきたら、キャッシュの比率を高めたり、第4章で紹介する「くりっく株３６５」や先物取引で売りポジションを持っておくなど、相場急落時のリスクに備えることが必要です。

利上げのタイミングを計るには、米国の3人の要人発言に注意を払っておくことです。１人目は、もちろんジャネット・イエレンＦＲＢ議長。2人目が、スタンレー・フィッシャー副議長。3人目は、セントルイス連銀のジェームス・ブラード総裁です。ブラード総裁は、ウィキペディアではまだ2行しか記載がないほど日本では存在が知られていませんが、２０１５年１

今後の日経平均のイメージ

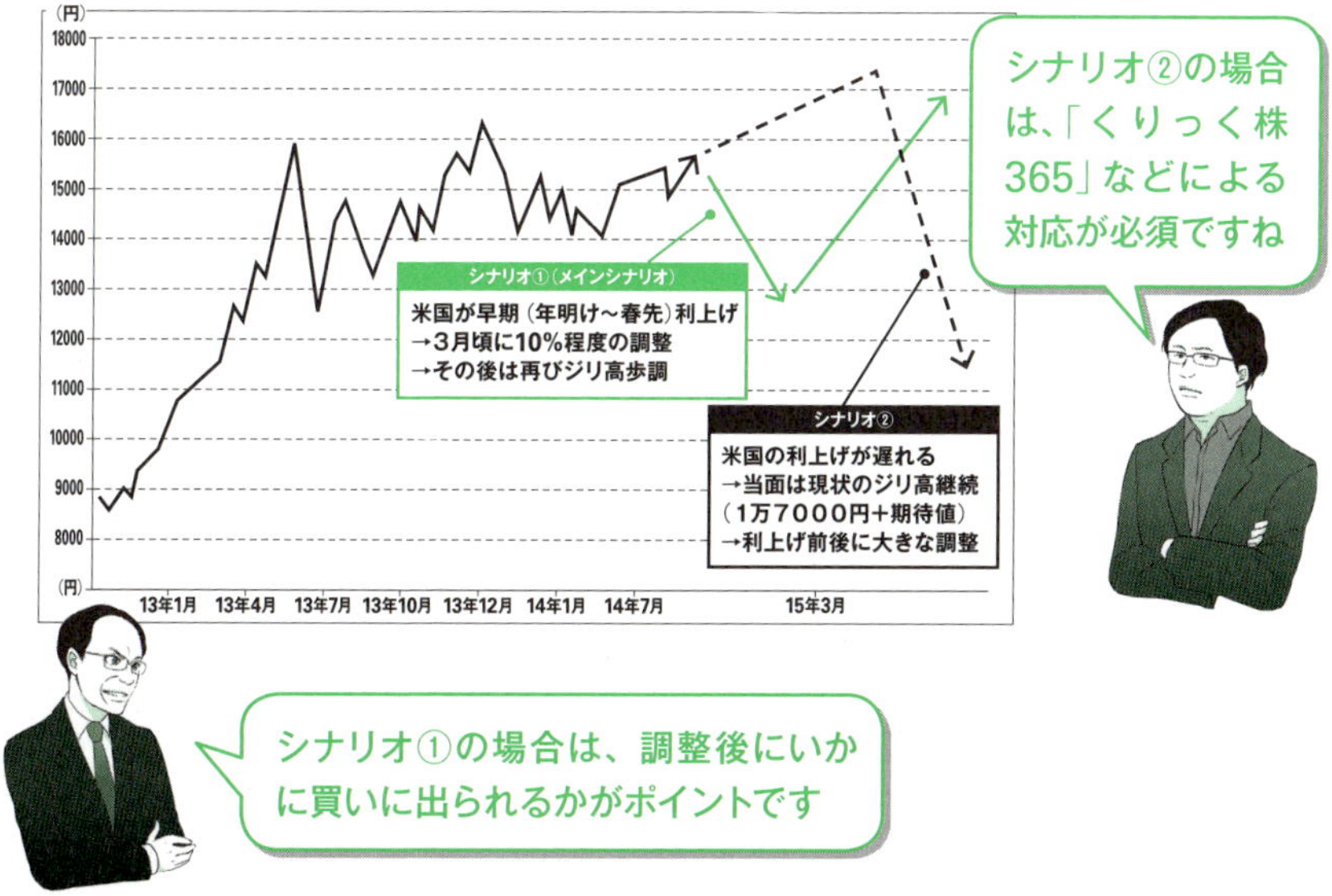
(円)
18000
17000
16000
15000
14000
13000
12000
11000
10000
9000
8000
(円)
13年1月
13年4月
13年7月
13年10月
13年12月
14年1月
14年7月
15年3月
シナリオ①（メインシナリオ）
米国が早期（年明け～春先）利上げ
→3月頃に10%程度の調整
→その後は再びジリ高歩調
シナリオ②
米国の利上げが遅れる
→当面は現状のジリ高継続
（1万7000円+期待値）
→利上げ前後に大きな調整
シナリオ②の場合は、「くりっく株365」などによる対応が必須ですね
シナリオ①の場合は、調整後にいかに買いに出られるかがポイントです

―3月期の早期利上げを主張している1人です。それだけにマーケットでの注目度も急上昇しており、今年後半から米国相場のカギを握る人物と言えます。第1章の冒頭でジャンク債市場の金利が急上昇している件に触れましたが、そのきっかけを作ったのもブラード総裁の早期利上げ発言でした。この3人が利上げに対してどのような発言をするかに注目していれば、完全に予測することはできないまでも、ある程度の予防線を張ることはできるでしょう。しばらくはこの3人の言動からは目が離せません。

次章では、相場急落に備えたリスク管理のひとつとして有効な、「くりっく株365」を紹介します。

相場ローテーションの現在地

小ローテの原動力となるのは、本来ならFRBの金融政策であり、ひいては米国の景気なのですが、現在はリセットされた状態にあります。

リセットボタンを押したのはスイス中央銀行（SNB）でした。SNBが行なったのは「固定相場制への回帰」です。2011年9月、ユーロ危機の勃発により、「避難通貨」としての性質があるスイスフランは大きく買われました。SNBはスイス高に対して、超異例の「無制限介入」を宣言します。ユーロ／スイスフラン相場で1・20より下に行くようなスイスフラン高に対しては無制限のスイスフラン売り介入を行うことを宣言したのです。非常に強烈なメッセージです。

これを受けてスイスフランは1日で、対ドルで9・3%、対ユーロで7・7%の大幅な通貨安が進みました。わずか1日でこれだけ大きな変動が起きた例を、私は見たことがありません。ところが、データを調べなおしているうちに、ひとつだけ1日で9%以上変動した例が見つかったのです。1973年2月13日、円が固定相場制から変動相場制へと完全に移行した日の米ドル／円でした。

現在、先進国では変動相場制が当たり前となっていますが、スイスフランが行なったのは、「固定相場制への回帰」です。米国を見ればリーマンショック、欧州を見ればユーロ危機と、世界的な危機の中、買われていたのがスイスフランであり、円であり、金《ゴールド》でした。リスクオフ(リスクの高い資産を避け、安全と思われる資産に資金を移すこと)の動きです。ところが、SNBが無制限介入を制限した翌月、2007年以来の円高が1ドル75円35銭でボトムをつけます。さらにスイスフランや円と同じく安全資産とみなされて買われていた金も、2000ドルを目前にして反転、9月の1カ月間で12%もの急落となりました。

スイスフラン高がSNBの暴力的な介入によってせき止められると、水場を求めてさまよっていた水牛の暴走が止まり、相場の秩序が回復されていったのです。

それをさらに加速させたのが、FRBによる2012年9月からのQE3(量的緩和第3弾)であり、黒田日銀が2013年4月から行なった異次元緩和です。さらにユーロ圏でもECB(欧州中央銀行)のドラギ総裁が「ドラギマジック」と呼ばれる金融政策を講じ、秩序回復への動きが進んでいます。

しかし、まだ正常な相場ローテーションへの回帰は果たせていません。129ページの図6は米国の景気回復局面の始まりを起点にして、金利と為替の小ローテがどう流れていくかを示したものです。景気は大ローテに属しますから景気が大底から天井、そしてまた大底へと循環する間に、小ローテはおおむね2回の循環を繰り返すイメージです。

ところが、現在、129ページの図6の流れはFRBの3度にわたるQE（量的緩和）により②～⑤までが崩されています。米国景気の谷は2009年3月で、そこから回復局面が始まります（①）。また③の引き締め開始がないままに、米ドル/円は谷を作りました。FRBはQE3を継続していますが、2014年末には終了する見込みです。FRBが緩和を終了し、利上げ（引き締め）を開始する時期（⑨）――私は2015年の早い段階と予測していますが――その後、今回は米ドル/円が谷ではなく山を作り、そこから先は通常の小ローテの流れに復帰してくるはずです。

次に大ローテーションの現在地を確認しておきましょう（130ページ図7、図8）。

株式市場は2007年の夏、秋にかけて日米ともにピークをつけました。その前にあったのは米国不動産市場の急落ですからセオリー通りと言えます。現在はともに再び上昇トレンドにあり高値を更新しようかという局面にありますが、気になるのはやはり米国不動産市場です。2013年5月にピークをつけた可能性があります。ピークの判定基準は20%以上の下落ですが、下落率はまだ19・4%にとどまっており、20%にはわずかに届きませんでした。これが20%以上の急落を見せたときには、米国株の下落、ひいては日本株の急落となるのが相場ローテーションの理論ですから、警戒が必要です。

（図6）イレギュラー局面にある「小ローテ」

① 米国景気の谷～景気回復の始まり
↓
② 米国景気の谷～景気回復
↓
③ 米国政策金利の引き締め開始
↓
④ 米ドル / 円の谷（ドル高円安トレンドの開始）
↓
⑤ 米国長期金利の山・ユーロ / 米ドルの谷
（米国景気スローダウンの始まり）

（①～⑤）→（日・米・欧）
3大中央銀行の緩和により崩壊

↓
⑥ 米国政策金利の緩和開始
↓
⑦ 米ドル / 円の山（ドル安円高トレンドの開始）
（米国景気スローダウンの終了）
↓
⑧ 米国長期金利の谷・ユーロ / 米ドルの山
↓
⑨ 米国政策金利の引き締め開始
↓
⑩ 米ドル / 円の谷（ドル高円安トレンドの開始） → 次回は FRB の引き締めにより、
山を形成か
↓
⑪ 米国長期金利の山・ユーロ / 米ドルの谷
↓
⑫ 米国景気の山～景気後退の始まり
↓
⑬ 米国政策金利の緩和開始
↓
⑭ 米ドル / 円の山（ドル安円高トレンドの開始）
↓
⑮ 米国景気の谷～景気回復の始まり

（図7）「大ローテ」の山

米国不動産	米国株	米国景気	日本株	日本景気
1972年11月	1973年 1月	1973年12月	1973年 1月	1973年11月
				1977年 1月
	1980年 2月	1980年 1月		1980年 6月
	1980年11月	1981年 7月		
				1985年 6月
1987年 2月	1987年 8月		1987年10月	
	1990年 7月	1990年 7月	1989年12月	
			1991年 3月	1991年 2月
			1993年 9月	
			1994年 6月	
1997年 9月	1998年 7月		1996年 6月	1997年 5月
	2000年 3月	2001年 3月	2000年 4月	2000年10月
2007年 1月	2007年10月	2008年 9月	2007年 7月	2008年 9月
	2011年 5月		2010年 4月	
	2011年11月		2013年12月	

（図8）「小ローテ」の谷

米国長期金利	日本長期金利	米ドル／ユーロ	米ドル／円	米国の金融引締め開始	日本の金融引締め開始
		1973年 7月	1973年 8月	1973年 1月	1973年 4月
1972年12月	1978年 4月		1978年10月	1977年 8月	1979年 4月
1980年 6月		1980年 1月	1981年 1月	1980年 9月	
1983年 5月			1984年 4月	1984年 4月	
1987年 1月	1987年 5月			1987年 9月	
	1988年 1月	1987年12月	1988年11月	1988年 5月	1989年 5月
		1991年 2月			
1993年10月	1994年 1月	1992年 8月	1995年 4月	1994年 2月	
		1995年 4月		1997年 3月	
1998年10月	1998年 9月	1998年10月	1999年12月	1999年 6月	2000年 8月
2003年 6月	2003年 6月	2004年12月	2005年 1月	2004年 6月	2006年 7月
		2008年 7月	2007年 7月		
	2007年10月	2011年 5月	2011年10月	2008年 9月	2008年 9月

第4章

〝くりっく株365〟を使った投資術

株投資の疑問⑪

「証拠金取引」「差金決算取引」とは？

鈴木

「口座に預けた資金を〝担保〟に、それ以上のお金を売買できるのが証拠金取引です」

櫻井

「差金決済って、口座内で利益や損失の額だけがやりとりされる取引ですよね」

岡崎

「実際の資金の何倍もの取引ができる分、何よりリスク管理が重要になってきます」

POINT

急落リスクに対応できる〝くりっく株３６５〟を使って取引する

３章で「株式相場は基本的にジリ高基調だが、急落のリスクを抱えている」と書きました。そのため、買い一辺倒ではなく、様々な金融商品を活用して急落のリスクに備えておく必要があります。

そこで本章では、急落リスクに対応できる金融商品のひとつとして、「くりっく株３６５」という金融商品を紹介します。投資家にはまだなじみの薄い商品ですが、上手に活用すれば、少ない金額でも投資リスクを軽減し、より大きな値幅を狙うことができます。

「くりっく株３６５」は、東京金融取引所が提供する、株価指数を対象とした取引所による証拠金取引です。証拠金取引とは、金融業者の口座に〝担保〟として預けた証拠金をもとに行う取引のこと。その担保として口座に預けた証拠金をもとに、日経２２５などの株価指数を売買し、その損益が口座に追加されたり、差し引かれたりするわけです。投資した金融商品を現物で直接受け渡しすることなく、対象となる指数やその他金融商品を売買した時の価格差によって利益や損失が発生し、その差額（差金）だけが口座内でやり取りされます。売買の差額分を決済するだけで取引が完結するため、「差金決済取引」と呼ばれています。

最大の魅力は、証拠金を担保として大きなレバレッジをかけられる点でしょう。これにより投資家は、預け入れた証拠金の何倍もの金額の売買を行うことができます。レバレッジについては後述しますが、最大で証拠金の30倍以上の取引が可能です。

つまり、「くりっく株365」は、株価指数の証拠金取引であり、差金決済取引であり、レバレッジをかけられる取引所証拠金取引ということになります。

取引できる株価指数は、現在のところ東京の「日経平均株価（日経225株価指数）」、ドイツの「DAX指数」、英国の「FTSE100」、そして中国の「FTSE中国25」の4種類です。これらの代表的な株価指数を、少額で、しかも夜間でも祝日でも取引ができる。さらに、配当金を受け取ることも可能な、非常に便利な取引と言えます。また、買い（買い建て）だけでなく、株の信用取引や先物取引などと同様、売り（売り建て）から入ることもできるため、指数の値下がりでも利益を得ることができます。

まずは具体的な取引方法や仕組みを理解して準備する

ここから、「くりっく株365」の具体的な取引方法や、仕組みについて詳しく説明します。

教科書的な内容が続きますが、しっかり理解するためにもおつき合いいただければと思います。

①取引単位・最低投資金額・売買手数料

くりっく株365の最低取引単位は「1枚」です。1枚で、日経平均株価の100倍の金額が売買されます。仮に、日経平均株価が1万5000円なら、くりっく株365は1枚で150万円が最低の売買単位になるわけです。

1回の注文での最大の注文枚数は日経225で500枚、DAX指数とFTSE100は200枚、FTSE中国25で20枚です。枚数の上限設定については、③のマーケットメイク方式のところで説明します。

現在は、証券会社や商品先物会社など8社が「くりっく株365」を取り扱っています。売買手数料は、取り扱い会社（取引参加者）によって片道100円台〜2000円台まで幅広くなっています。

②証拠金基準額

1枚を売買するために必要な証拠金基準額は、2014年9月頭の時点では4万2000円です。〝〜時点では〟と書いたのは、証拠金基準額は、株価指数の変動率（ボラティリティ）

などによって、毎週見直されているためです。基準となる日経平均株価が大きく変動すると、証拠金基準額は引き上げられ、反対に変動幅が小さくなると証拠金基準額は引き下げられます。ちなみに、8月25日から8月29日までの日経225株価指数の証拠金基準額は4万5000円でした。

証拠金基準額をベースに、「くりっく株365」を取り扱う金融会社がそれぞれ自社で証拠金に必要な額を算出していますが、いまのところ、8社とも証拠金必要額は東京金融取引所が定める証拠金基準額と同じです。

③マーケットメイク方式

価格の決定に関しては、「マーケットメイク方式」を採用しています。マーケットメイク方式とは、東京金融取引所が資格を与えた値づけに携わる業者「マーケットメイカー」(＝主に証券会社や金融機関)が常に「売り」の気配値と「買い」の気配値を提示しています。「くりっく株365」の取引を行いたい投資家は、マーケットメイカーが常時出している気配値に対して、売りや買いをぶつける形で相対取引を行います。

一般に、現物の株式投資では取引所の中で売り手と買い手が直接売買の注文をぶつけあう「オークション方式」が採用されています。オークション方式では、取引が一方通行に偏った

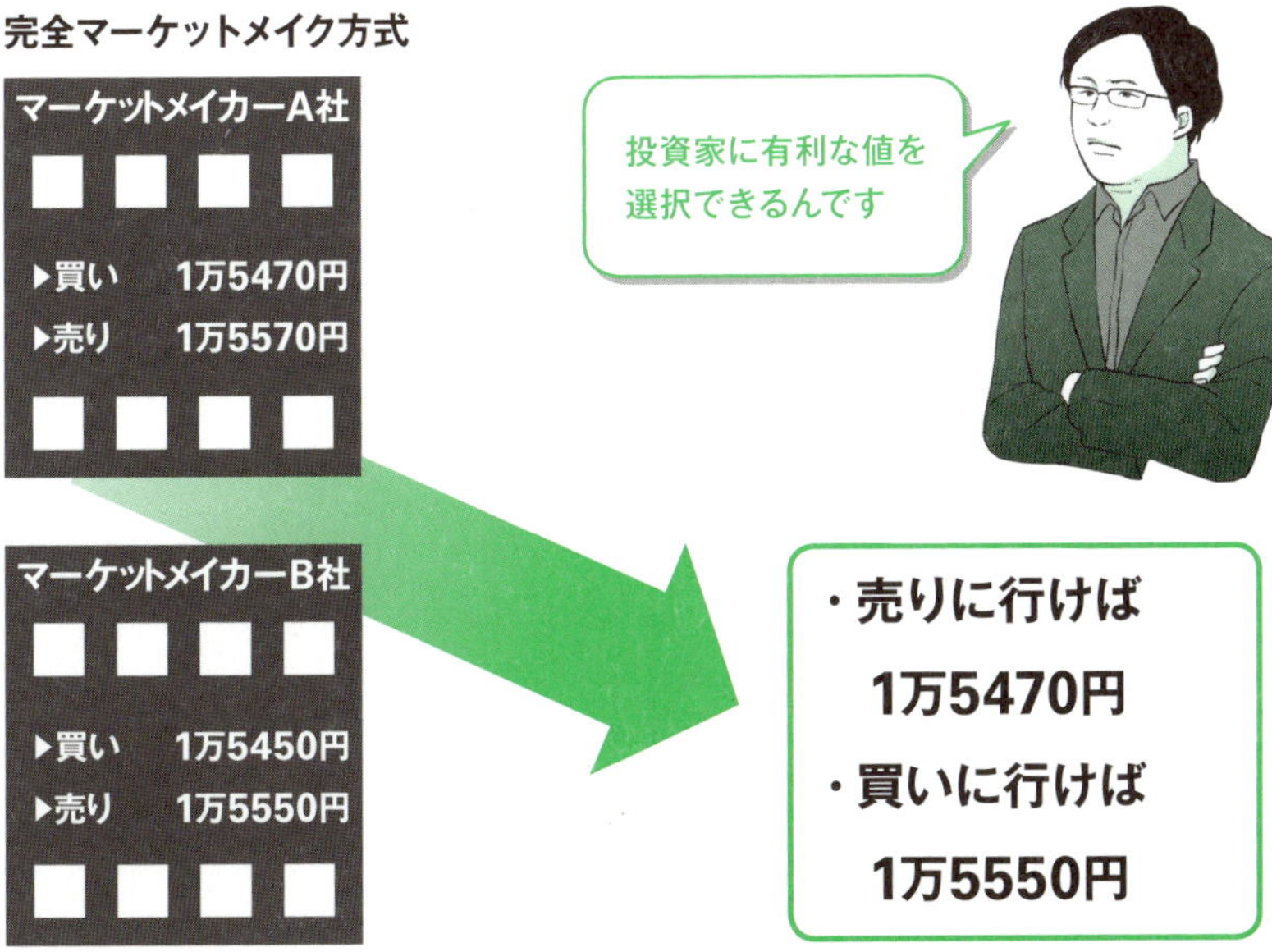

り、誰も取引をしたがらず取引が成立しないという状況が生じることが少なくありません。

わかりやすいのが、ストップ高やストップ安のときです。ストップ高とは、株価が1日の値幅の制限いっぱいまで買われること。ストップ安はその逆です。現物株式の取引では、注文が殺到してストップ高やストップ安している銘柄は、自分がいくら買いたい、売りたいと思っても取引が制限されてしまいます。日々の流動性（出来高）が少ない銘柄についても同様です。

それに対して、マーケットメイク方式は値付け業者が常時そのときどきの売り・買いの気配値を提示することになっているため、市場参加者が少なくても必ず売買は成立します。市場の流動性が常に確保されているという点でオークション方式より優れていますが、その代わりにマーケットメイカーに過度の負担がかからないよう、取引の最大注文枚数に①で書いたような制限がかけられています。

現在、「くりっく株365」のマーケットメイカーは大和証券とドイツ証券の2社。2社それぞれが値づけを行っていますが、「くりっく株365」で表示される価格は、両社が提示する買い値と売り値のうち、より投資家に有利な値づけがされるシステムになっています。

例えば現在日経平均株価が1万5500円で取引されているとして、大和証券が、買い＝1万5470円、売り＝1万5570円と提示し、同時にドイツ証券が、買い＝1万5450円、売り＝1万5550円と提示していたならば、我々顧客が売りに行けば、大和証券の買い＝1万5470円が有利ですからこちらが採用され、買いに行けばドイツ証券の買い1万5550円が採用されるという仕組みです。

④レバレッジ

少額の証拠金を担保にレバレッジをかけ、大きな金額を取引できるのが「くりっく株365」の最大の魅力です。しかし、これには注意が必要です。いくら便利な取引手法と言っても大損をして投資が続けられなくなっては元も子もありませんから、このレバレッジについては少し詳しく説明していきましょう。

２０１４年9月頭現在で、「くりっく株３６５」１枚の取引を行うための最低の証拠金は４万２０００円です。４万２０００円の証拠金で日経平均の１００倍の取引、約１５０万円分の取引ができることから、レバレッジの倍率は約36倍となります。株式の信用取引だとかけられるレバレッジは最大で約3倍ですから、その差は歴然です。また、ＦＸでは、国内金融会社に関してはレバレッジが最大で25倍までに規制されていますから、くりっく株３６５はＦＸよりもレバレッジを効かせることができるということです。

仮に、くりっく株３６５の日経２２５株価指数が１万５０００円のときに、４万２０００円の証拠金で「くりっく株３６５」を１枚、買い建てたとしましょう。指数が１万５０００円から１万５１００円に上昇した場合、上昇分１００円の１００倍、１万円の利益を得られます。

１万５０００円から１万５１００円の上昇は、率にするとわずか０・６％にすぎません。しかし、１枚の投資に必要な証拠金は４万２０００円に対して１万円の値上がり益を得られるわけですから、利益率は実に24％になります。これが「てこの原理」と言われるレバレッジの効果です。ただし、当初の思惑とは反対の方向に市場が動いた場合、レバレッジの効果でそれだけ損失も大きくなります。レバレッジを大きくすればするほど投資のリスクは高まりますから、投資リスクを考えながら取引する必要があるでしょう。リスクについては後述します。

もちろん、レバレッジを常に最大にして取引する必要はありません。レバレッジの倍率は、投資家が自分自身で決めることができます。

「くりっく株365」を3枚買い建てする場合の最低の証拠金額は、12万6000円です（4万2000円の3枚分）。しかし、12万6000円の証拠金を預けたからといって、必ず3枚買い建てする必要はなく、3枚分の証拠金で1枚だけ買い建てても構いません。この場合のレバレッジは、「150万円÷12万6000円」で、約12倍となります。預ける証拠金の額を増やすことで、レバレッジはもっと低く押さえられます。

⑤ボラティリティ

レバレッジと合わせて把握しておく必要があるのが、ボラティリティです。ボラティリティとは、一般的には価格の変動率のことですが、ここでは「日経平均ボラティリティ・インデックス（VI）」を指します。この指標は、市場で見込まれている日経平均の1カ月先の変動率を、年率換算であらわす指標で、日経新聞やその他ホームページで見ることができます。この数値が20ポイントであれば、その後1カ月先の日経平均の変動率が、年率で20％程度と見込まれていることをあらわします。ちなみに、リーマンショック直後の2008年10月に、この日経平均VIは90ポイントを超えています。

結論を先に言うと、私は「100÷日経平均ボラティリティ・インデックス」が適正なレバレッジ水準であると思っています。つまりボラティリティが20なら4倍。33なら3倍。リーマンショックや欧州危機のようにボラティリティが上昇してきたらポジションを減らす必要があります。仮に、1枚＝150万円の取引をしているとします。ボラティリティが50ポイントということは、1年間で日経平均が半値以下になる可能性があることを意味します。つまり、1年間の間に150万円が、75万円になるかもしれないということです。こういう場合に同じレバレッジで勝負していては、投資資金が吹っ飛ぶことになりかねません。

レバレッジとボラティリティは関係性が高く、「くりっく株365」を取引するうえで非常に重要な項目なのです。

⑥配当相当額

「くりっく株365」のもうひとつの魅力として挙げられるのが配当金です。現物株を保有する場合と同じように配当金を受け取ることができます。

株式投資（現物株）の場合、株主としての権利が確定する日に株式を保有していれば配当金をもらえますが、これと同じように「くりっく株365」も買いのポジションを持っていれば、日経平均株価を構成する225銘柄の配当金の支払い状況に応じて、「配当相当額」を受け取ることができます（「DAX指数」の証拠金取引には配当相当額は発生しません）。ただし、株主優待はもらえません。

反対に、権利確定日に売り建てのポジションを持っている場合は、配当相当額を支払うことになります。この原理は株式投資の信用取引と同じです。

ここでもレバレッジの考え方は有効で、1枚の売買に必要な証拠金4万2000円に対して配当相当額が支払われるのではなく、あくまで1枚の取引価格（日経225株価指数が1万5000円なら150万円）に対して配当が出ます。

例えば、今年3月には1枚の買い建てに対して1万449円の配当相当額が支払われました。日経225採用銘柄は、3月と9月決算の企業が多いので、3月、9月の配当相当額も大きくなるわけです。極端な話、3月と9月の配当相当額だけを狙いに行けば、年間総額の8割程度の配当相当額を手にすることができます。

ちなみに、今年3月末時点の証拠金基準額は5万4000円。これに対して1万円の配当相当額がもらえたわけですから、利率にすると19％にもなります。とはいえ、これはあくまで最低限の証拠金でレバレッジを最大にした場合の計算上の話。先ほど説明した通り、たとえ短期でもこんなことをしてはいけません。喜ぶのは取扱業者と取引所だけだからです。アドバイスに従ってしっかりとレバレッジを抑えていれば実際にはもっと下がりますが、それでも実質ベースで考えればかなり厚めの利率と言えるでしょう。

⑦金利相当額

「くりっく株365」では、配当相当額の他に「金利相当額」の授受も伴います。買いポジションを有している投資家は、金利相当額の支払いが求められ、反対に売りポジションでは金利相当額を受け取ることになります。これも、株式投資の信用取引と同じ仕組みです。

金利相当額は、日銀の政策金利（正確には「無担保コール翌日物」の誘導目標値）によって上下します。ただ、現在は政策金利はゼロなので、1枚の買い建て・売り建てに伴う1カ月の金利相当額は数円程度であり、配当相当額と比べると金額はかなり小さくなっています。

⑤と⑥をまとめると、買いポジションでは「配当相当額を受け取り、金利相当額を支払う」ことになり、売りポジションでは「配当相当額を支払い、金利相当額を受け取る」ことになります。

2013年の1年間では、配当相当額の合計金額はおよそ2万円でしたが、これに対して金利相当額の合計は800円に満たない金額にとどまりました。日銀は、当分の間は政策金利をかなり低い水準に抑えると予想されるため、現在の金融情勢が続くとすれば、少なくとも配当・金利相当額に関しては買い方がかなり有利ということになるでしょう。

⑧税金

投資を行ううえで、見逃せないのが取引にかかる税金です。「くりっく株365」でも当然、利益に対して税金がかかります。「くりっく株365」の利益は申告分離課税の対象となり、税率は所得にかかわらず一律20％の税率が適用されます（そのほかに東日本大震災の復興特別税が追加でかかるため、正確な税率は20・315％となります）。

また、「くりっく株365」の売買で生じた損失に関しては、株など有価証券の先物取引、FX、金などの商品取引から生じた利益との損益通算ができるほか、3年間の損失の繰越控除も可能です。もっとも、現物株の取引で発生した売買損益との損益通算はできません。

⑨実際に取引を始めるには

まずは、「くりっく株365」を取り扱っている会社に口座を開設することから始まります。その上で、取引参加者が個々に定めている必要最低証拠金を預け入れれば、取引が可能となります。基本的にインターネットで口座開設ができます（本人確認の書類のみ、郵送が必要な会社もあります）。

⑩ロスカット

レバレッジの大きい投資をする場合は、リスク管理がより重要となります。「くりっく株365」は最大で30倍以上のレバレッジを効かせることができるため、やはりリスク管理は欠かせません。「くりっく株365」では、損失によって各取引参加者が定めた証拠金維持率を割り込むと、自動的にロスカット（損切り）が発動され、損失の拡大が防げるようになっています。証拠金維持率とは、いま売買しているポジションを持つために必要な証拠金に対して、証拠金の残高がどの程度の割合になっているかをあらわす比率で、証拠金の残高を必要証拠金で割って算出されます。

例えば、20万円の証拠金を預けていて、1枚の日経225株価指数を買い建てているとします。損益が発生していない段階では、1枚の買い建てに必要な証拠金は4万2000円（9月初旬の時点）ですから、証拠金維持率は476％です（20万円÷4万2000円）。仮に、日経225が値下がりして、1万円の損失が発生したとしましょう（日経平均で見ると100円の下落）。そうなると、証拠金維持率は「19万円÷4万2000円×100＝452％」となります。この証拠金維持率が、取り扱い参加者が定めている比率を割り込んだ場合は、強制的にロスカットが発動されるわけです。証拠金維持率は取り扱い参加者によって多少の差はありますが、維持率70％前後でロスカットの警告が出て、50％程度で強制ロスカットとなる場合が

ロスカットアラートの仕組み 維持率＝（資産合計＋評価損益）÷証拠金

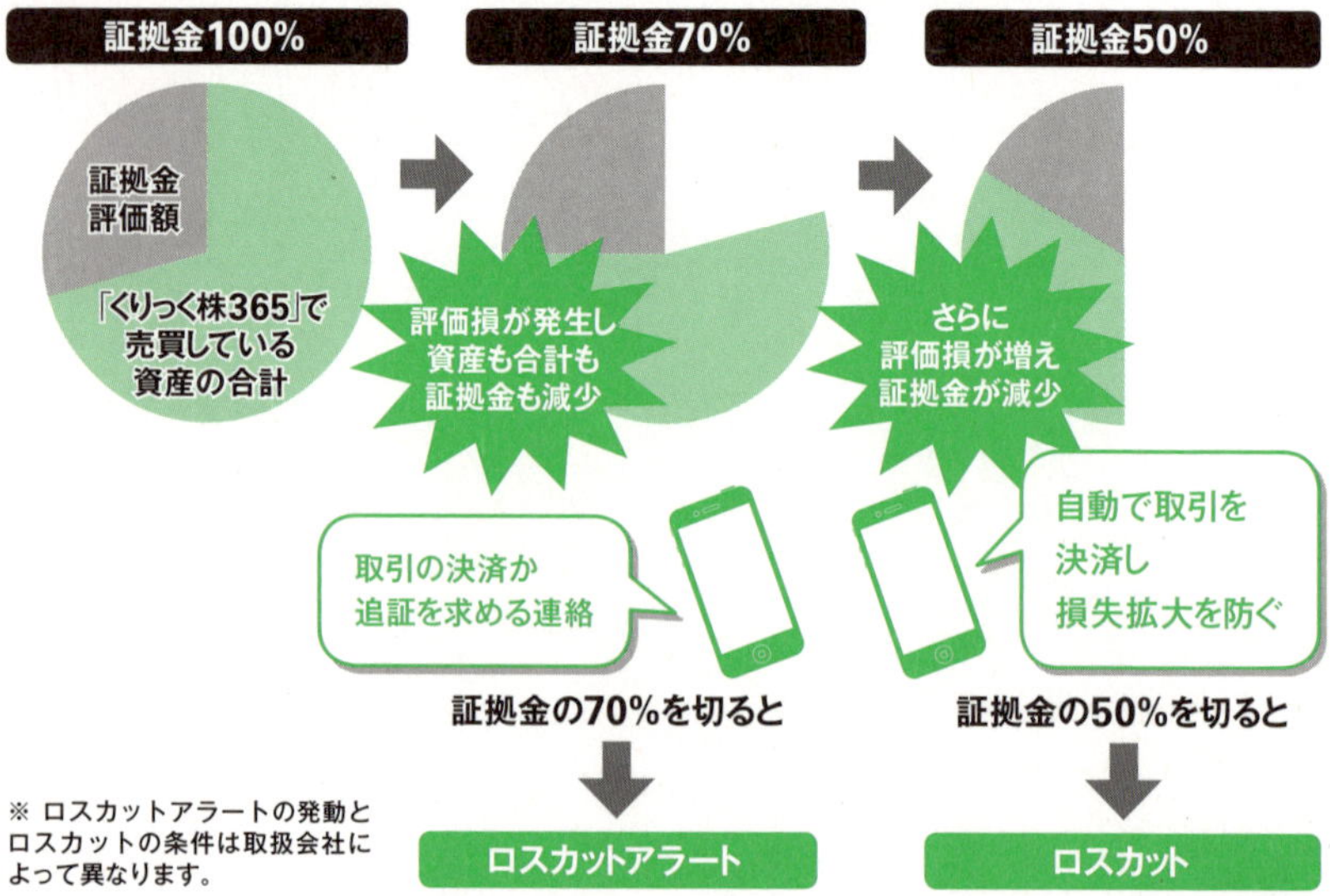

多いようです。このケースの場合は、１７０６円の下落でロスカットの警告が出て、１７９０円の下落で強制ロスカットとなるわけです。

その強制ロスカットを回避するために、「ロスカットアラート」という機能があります。証拠金維持率が強制ロスカットの水準になる手前で、「もうすぐ強制ロスカットされますよ」というアラート（警告）が、メールや取引画面などで投資家に伝えられます。この場合、持っているポジションの一部を決済するか、あるいは追加の証拠金（追い証）を入れることで、その後さらに損失が拡大した場合でも強制ロスカットを回避することができます。

簡単に言ってしまえば、証拠金維持率を常

に高く保つために、レバレッジも4～5倍程度に抑えていれば、預け入れた証拠金以上の損失はしないということです。

レバレッジをフルに効かせ、大きな勝負に打って出るのは投資家個人の自由ですが、それをしているとすぐに財布が空になってしまう恐れがあり、粘り強く長期的に株式市場と向き合っていこうとするこの本の目的からは外れてしまうことになります。

株投資の疑問⑫

「限月《げんげつ》」って何？

岡崎

鈴木

櫻井

「商品ごとに6カ月、半年など取引の期限が決められているのが限月制度です」

「先物取引では、限月を迎えると嫌でも決済して次に乗り換える必要があるんです」

「くりっく株365では、その面倒な『限月』とやらがないわけですね！」

日曜日と元旦以外は取引可能 他の日経225連動型商品との違いを知る

ここからは、「くりっく株365」の特徴を際立たせるために、「日経225連動型ETF」や「日経225先物取引」と比較してみたいと思います。

株価指数を取引するという点では、「くりっく株365」は日経平均の価格に連動するタイプのETFと共通する部分があります。両者とも、日経平均株価を対象としているため、値動きにおいてはよく似ていますが、日経225ETFは通常の現物株の取引と同じ決済のスタイルなので、当然、買うには売買に必要な全額分の代金が必要になります（信用取引は別）。

それに対して、「くりっく株365」は差金決済取引なので、定められた証拠金を差し入れておけば、決済時に売買で生じた差額をやり取りするだけで決済は完了します。さらに、「くりっく株365」はレバレッジを効かせることができるので、資金効率の面では、はるかに「くりっく株365」が日経225連動型のETFを上回ります。

株価指数の取引を証拠金に基づいて行うという点で、「くりっく株365」は「日経225先物取引」や「日経225先物ミニ」ともよく似た性格を持っています。両者とも一定の証拠金に基づいて取引され、差金決済取引である点も同じです。

「くりっく株365」と「日経225連動型ETF」との比較

	日経225証拠金取引 （金融取「くりっく株365」）	日経225連動型ETF
取引期限	なし	なし
取引時間	8：30～翌6：00 ※米国ニューヨーク州夏時間 適用時間は翌日午前5：00まで	9：00～11：30 12：30～15：00 （現物株式と同じ時間）
配当相当額 （分配金）	発生の都度受払い	支払利息や信託報酬等の 費用控除後の配当等収益を 年1～2回分配金として受け取る
価　格	日経平均株価に近い価格	分配金込みの価格
レバレッジ	市場の価格変動に応じ変動 （数倍～数十倍）	信用取引可能 （一般的に3倍程度まで）
売りポジション	売りからも取引可能	信用取引口座を開設した上で 信用取引を行う必要あり
信託報酬（費用）	なし	あり

資金効率の面では、はるかに「くりっく株365」の方が良いのがわかりますね

「くりっく株365」と「日経225mini」との比較

	日経225証拠金取引 （金融取「くりっく株365」）	日経225mini （大阪証券取引所）
取引単位	日経平均株価×100円	日経平均株価×100円
取引期限	なし	あり（約3カ月）
金利相当額	受払いあり	受払いなし
配当相当額	受払いあり	受払いなし
取引時間	8：30～翌6：00 ※米国ニューヨーク州夏時間 適用時間は翌日午前5：00まで	9：00～15：10 16：30～翌朝3：00
取引成立方法	完全マーケットメイク方式	オークション方式
呼び値単位	1円	5円
ロスカットルール	取扱会社が管理体制を整備	なし
休業日	土日・元旦 （1月1日が日曜日の場合は1月2日）	土日・祝祭日

限月を意識する必要はありません

しかし、先物取引には限月という期限が定められています。日経225先物の場合、1年のうちに3月、6月、9月、12月の4つの限月があり、限月として定められた月の第2木曜日に、その限月の先物は最終売買日を迎え、そこで取引は終了してしまいます。最終売買日までポジションを持ち続けていると、その翌日の金曜日に強制的に決済されます。実際に取引をしている人ならわかると思いますが、日経225先物取引では常に限月を意識する必要がありますし、最終売買日が近づくと精神的にナーバスになりがちです。

一方、「くりっく株365」には限月はありません。つまり、期間にとらわれることなく、いつまでも継続して保有することができるということです。取引によって損失が発生し、預けていた証拠金が不足しない限りは、ほぼ無期限で保有できると言っていいでしょう。この差は、意外と大きいと思います。

さらに、もうひとつの特徴として、取引時間の長さが挙げられます。上場投資信託である「日経225連動型ETF」は、取引時間が現物株と同じく午前9時から午後3時までに限られます。それに対して「くりっく株365」は、午前8時30分から翌朝の午前6時まで（米国ニューヨーク州がサマータイムを適用している夏の間は午前5時まで）、1日のうち23時間近くにわたって取引が可能です。

ちなみに、「日経225先物取引」は午前9時から翌朝の午前3時までで、夜間の時間帯も取引が行われています。「くりっく株365」とかなり近い時間帯となっていますが、それでも「くりっく株365」にはかないません。

さらに、「くりっく株365」は元旦を除いて日本の祝日も取引されています。「ハッピーマンデー」の導入により、3連休目の月曜日は現物株の取引が休場となるケースが増えていますが、「くりっく株365」であれば日本市場が休みの間も取引ができます。日本市場が休みの場合は、「日経225先物取引」はできません。この点が、大きく異なっている点と言えるでしょう。

有効活用するためにメリットとデメリットを理解する

すでに述べた点と重複する部分がありますが、以下に「くりっく株365」のメリットとデメリットを列挙しておきます。

メリット①リスクヘッジに有効

指数全体を取引することができるので、リスクヘッジに有効。保有している個別銘柄はまだ売りたくないが、「とりあえずリスクヘッジをしておきたい」といったときに、「くりっく株365」で指数を売り建てればいいわけです。

メリット②最大で30倍以上のレバレッジ

最大で30倍以上のレバレッジをかけることができます。先述したようにあまりレバレッジをかけすぎると、その分、損失のリスクも高まりますが、やはり少額で大きな勝負ができるというのは魅力でしょう。

メリット③配当相当額を受け取れる

株式投資と同様、配当相当額を受け取ることができます。買いポジションを持つ投資家は金利相当額を支払い、配当相当額を受け取りますが、支払うべき金利相当額は今では非常に低い水準にとどめられています。近年、日本の企業経営者は株主重視の経営スタンスを一段と強めており、企業が支払う配当金の額は年々引き上げられる方向にあります。そのため、配当相当額は今後も増加基調が予想されます。

現物株への投資でのみ得られる「配当金を受け取ることのできる権利」は「くりっく株365」でも十分に獲得することができるのです。

メリット④予想外の市場変動にも対応できる

マーケットメイク方式が徹底されていること、取引時間が23時間近くと長いこと、祝日も取引されていることによって、予想外の市場変動にも十分対処が可能です。

最近のマーケットはグローバル化が一段と進展しています。海外市場の取引時間で東京市場の値決めも決定づけられてしまうケースが頻発しており、東京時間がオープンするまで待っていたのでは間に合わないという事例も増えてきました。

その点、「くりっく株365」はヨーロッパ時間とニューヨーク時間帯の取引をほぼ完全にカバーしている点が最大の長所です。マーケットメイク方式によって、夜中の取引量の少ない時間帯でも流動性が確保されています。もちろん、「くりっく株365」の流動性も完璧ではありません。万全を誇るマーケットメイク方式も、米国で起きた9・11のような大規模なテロ事件や、天変地異、戦争、金融政策の激震などによって、金融市場そのものが崩壊してしまうと、マーケットメイクが機能しなくなる恐れがあります。

そのような場合には、たとえマーケットメイク方式を採用しているとは言っても、売り買いの呼び値の提示が不可能になる可能性もないとは言い切れません。その点は、投資家としては覚悟して臨むべきでしょう。

メリット⑤ポジションの限月交代がない

株価指数先物取引と違って、ポジションの限月交代はありません。先物取引の限月交代のわずらわしさを感じなくてすむのは、取引の手間や精神的負担を軽減できます。

メリット⑥公式ホームページでデータ確認

日付ごとの寄り値・高値・安値・終値や、配当・金利相当額、取引数量などのデータが「くりっく株３６５」の公式ホームページで開示されている点は非常に便利です。

デメリット①税制面での不満が残る

雑所得扱いになるため、税制面での不満は残ります。とりわけ現物株と税の区分が異なるので損益通算ができない点が大きいでしょう。ただし、この点に関しては日経２２５先物や商品先物取引も同様です。

デメリット②価格変動のリスク

どうしても価格変動に関するリスクは大きくなります。レバレッジを効かせられるということとはメリットでもありますし、デメリットにもなります。これはどれほど強調してもし過ぎということはないでしょう。少なくともレバレッジを効かせた取引である以上、ロスカットと証拠金維持に関するルールは投資家それぞれでしっかり管理すべきです。

デメリット③呼び値に差がある

マーケットメイカーによる値づけにおいて、買いの呼び値と売りの呼び値に差が出てきます。くりっく株365は、FXと同じ「アスク・ビット型」で、買い建てた直後に決済すると、それだけで価格差の分だけ損失が発生する可能性があります。突発的な不足の事態が発生した時などに、瞬間的にその価格差が大きくなる可能性もあるので注意が必要です。

デメリット④代用有価証券が担保にならない

代用有価証券が担保として使えない点はデメリットです。株式投資の信用取引では、現金の代わりとして保有している株券や債券などの有価証券を担保として活用することができますが、「くりっく株365」ではそれができません。現金のみで勝負することになるため、現物株をメインの投資対象として保有している投資家の場合は、資産運用の効率が悪くなります。

同一の取扱会社の中で株式投資と「くりっく株365」を行っていても、対象となる口座が違うので、資金の移動を行う場合は、まず株の口座から一旦資金を引き出して、それを「くりっく株３６５」の口座に入れ直す必要があります。

『マーケット・アナライズ』流の基本戦術を徹底する

さて、ここからは「くりっく株３６５」の基本戦術を紹介していきましょう。これは、全ての証拠金取引で同じことが言えますが、最初に考えるべきことは証拠金の管理です。確かに、「くりっく株３６５」では最大30倍以上のレバレッジがかけられます。しかし、これはボラティリティの説明の部分でも触れましたが、基本的には日経平均ボラティリティ・インデックスの水準に応じて4倍~5倍程度に設定すべきだと考えています。これは、買い建てについても売り建てについても同じことが言えます。

日経２２５株価指数1枚を買い建てたとすると、取引価格は１５０万円程度です。レバレッジ5倍で考えると、必要な証拠金は30万円です。ただ、１枚のみのポジションを持つことを相場用語で「ピン張り」と言って、ポジションの一部を売るなど柔軟な取引ができないため、少なくとも3枚以上のポジションは持っておきたいところです。そうなると、約１００万円の証拠金が必要になってきます。100万円の証拠金を入れると、10枚も20枚もポジションを抱えたくなる気持ちはわかりますが、リスク管理に相当の自信がある人以外は、3枚程度にとどめておきましょう。

また、これもボラティリティの説明の部分で解説しているように、「くりっく株365」では、ボラティリティに合わせたポジション調整が必要になってきます。

レバレッジを「4～5倍に設定すべき」と書きましたが、ボラティリティが大きくなってきたら、その後の日経平均の変動率が大きくなると市場は予想しているわけですから、レバレッジをそのままにしておくのはハイリスクです。

A、ボラティリティが25ポイント以上になったら、レバレッジを4倍以下に抑える

B、ボラティリティが33ポイント以上になったら、3枚のポジションを1枚決済して2枚に減らす

C、50%以上になったら、さらにポジションを1枚に減らし、レバレッジを1倍に抑える

これを、「くりっく株365」を取引するうえで、ボラティリティとレバレッジの関係の公式として覚えておいて下さい。簡単にいうと、ボラティリティが大きくなればレバレッジを小

さく、ボラティリティが小さくなればレバレッジを大きくするということです。

ボラティリティは毎日チェックするのが理想ですが、それが難しい場合は週末、金曜日には一度ボラティリティをチェックし、ポジションやレバレッジを調整するよう心がけて下さい。というのも、土日の間に市場環境が乱れ、月曜日にいきなりボラティリティが跳ね上がるケースもあるからです。

基本的に、「くりっく株365」の月曜日の価格が、金曜日の価格（あるいは土曜午前中）よりも高く始まった場合、その週は基本的に強気で臨めます。反対に、金曜日の価格よりも安く始まった場合、その週は基本的に慎重に行動するべきでしょう。これは「くりっく株365」に限った話ではありませんが、月曜日の寄り付きというのは、その週の相場の動きを集約している場合が少なくありません。

さらに言うと、「くりっく株365」では、金曜日に日本の株式市場が閉じた後、ニューヨーク市場の動向を投資に反映させることができます。そのため、毎月1度発表されている米国の雇用統計（発表は4～10月の夏時間の場合は21時30分、11～3月の冬時間では22時30分）による相場の変動を追いかけることもできるのです。

株をからめた上手な取引手法をマスターする

最後に、株式投資をからめた取引手法を2つ紹介して終わりにしたいと思います。

①慌てることなく個別銘柄を処分できる

紛争の激化など地政学的リスクが高まったり、米国や中国などの経済指標が悪化し、相場へどの程度の悪影響があるのか見えないときは、長期保有前提で買った銘柄や、配当・株主優待の権利確定日が近づいている銘柄などを慌てて売りたくはないはずです。こうしたケースで、「くりっく株３６５」を売り建てておけば、とりあえず個別銘柄の株価下落リスクをヘッジできるわけです。リスクヘッジをしておけば、慌てることなく個別銘柄を処分できるでしょう。

②2年分の配当を受け取れる

「くりっく株３６５」でもらえる配当相当額が大きいのは3月と9月であり、3月と9月の中旬～下旬の権利確定日に保有していれば、年間の配当総額の8割程度がもらえることについては、配当相当額の説明部分で述べました。一方、日経２２５連動型のＥＴＦは、6月末に集中する企業の株主総会で配当金が確定され、実際に配当金を入手した7月に決算を行うのが代表的です。つまり、3月と9月の権利確定日に「くりっく株365」で日経225株価指数を保有し、7月に日経225連動型のETFを保有することで、原理的には2年分の配当金を受け取ることができるわけです。ただし、現実にはETFからの配当が決定した時点で裁定取引が行われ、ETF価格は適正とされる水準まで低下するようです。

年間を通して、同じ日経225連動型の商品を持つのであれば、「くりっく株365」とETFの両方をフルに活用して配当を取りに行くのも一手なのです。

ここまで、リスク管理の1つの手法として「くりっく株365」について駆け足で述べてきました。ですが、「登った梯子《はしご》は外せ」という格言があるように、ここに書いたことをいつまでも信じる必要はありません。もちろん、この本の内容は、我々が積み重ねてきたデータや経験に基づいたものです。相場は生き物。状況は刻々と変化していきますので、現在がそうだからといって、必ずしも5年後、10年後に同じことが言えるわけではないのです。この本という梯子を登り切ったら、この梯子は捨てて、自分で次の梯子を探すことも必要なのです。

繰り返しますが、投資は続けてこそ勝ち組への道が開けます。このことだけは忘れず、株式投資という人類が編み出した最高に魅力的なゲームに取り組んで欲しいと思います。

アセット・ローテーションによる資産運用

ここまで駆け足で見てきたようにすべての相場は、ある相場の循環が他の相場の循環を促してと、循環が循環を呼びながら上がり下がりを繰り返しています。今回は紙幅の都合で紹介しませんでしたが原油や金などのコモディティ相場もまたしかりです。

「貯蓄から投資へ」との号令のもと、貯蓄好きだった日本人の金融資産は徐々に金融市場へとシフトしつつあります。しかし、そこで行なわれているのは、円高になれば大きな為替差損が発生する極端な海外資産へのシフトであったりします。あるいはセオリーにのっとった国際分散投資であっても、ゼロ金利時代ではやはり円高が始まると長期にわたって運用成績は悪化し、資産運用の教科書に書いてあるような安定的なリターンは得られません。

ところが同じように国際分散投資を行なっても、ある資産が高値圏から下落を始めるときに比率を減らし、その分を底値圏から脱した資産へとシフトさせるといったように自分の資産を循環させていくことによって、より効率的な資産運用が可能になります。これが「アセット・ローテーション」の考え方です。

これまで紹介してきたように、相場の循環には「時間のズレ」があります。例えば米国不動

（図9）日本株の運用ルール例

▶運用ルール
①S&P500が高値から20％下がったら、日本株用の資金の3分の1を使って買う
※S&P500が高値から20％下がらずに調整を終えて高値を更新したときはすみやかに日本株用資金の100％を使って買う
②S&P500が高値から40％下がったら、日本株用の資金のもう3分の1を使って買う
③S&P500が高値から60％下がったら、日本株用の資金をすべて使って買う

▶ラチェット（歯止め）
①FRBが名目成長率を4％以上上回る水準まで政策金利を引き上げた場合は日本株のすべてを処分する
②米国REIT指数が高値から20％以上下落した場合は日本株のすべてを処分する
③10％への消費増税の失敗などアベノミクスの失敗が濃厚になった場合は日本株の一部を売却し待機資金とする

産市場が高値から20％以上下落すると、「1年以内に」米国株は高値から20％以上下落するといったようなものです。もし、この法則を知っていれば、米国不動産市場が20％以上下落した時点で、米国株の一部を処分し、別の資産へシフトさせられます。アセット・アロケーション（資産配分）だけでなく、アセット・ローテーションも意識するのです。

アセット・アロケーションを実践するには、図9のようなより細かなルールが必要となります。資金量や好みに応じてルールも変わってもきますが、株式運用のルール作りでひとつアドバイスするとすれば「売りは一気に、買いは分散で」ということです。アセット・ローテーションには数カ月程度のブレがありますから、一度にまとめて買うと高値づかみ

のリスクも高まります。最低でも資金を3等分くらいにわけて、時期をずらして買っていくことにより、高値づかみのリスクを減らしておきましょう。具体的には、次のようなルールが考えられます。

①米国株が高値から20％下がったら、日本株用資金の3分の1を使って買う
②米国株が高値から40％下がったら、日本株用資金のもう3分の1を使って買う
③米国株が高値から60％下がったら、日本株用資金をすべて使って買う

もうひとつ大切なポイントは「株にはラチェット（歯止め）をかけよ」ということです。また、これまでに何度も説明してきたように、株式市場には数年に一度、暴落があります。ローテーションを考慮しない、ただのアセット・アロケーションでは暴落時に被った大きな含み損は、回復させるのに数年かかることが多々あります。20年、30年と超長期で考えられるのならば、そうした含み損にも耐えられるのでしょうが、できれば急落を避け、ショックが終わったところで再び買い戻したいものです。

そのために必要なのがラチェットです。株価暴落の兆候が見えたとき、保有株をすべて処分してしまうのです。「すべてとは極端だ」と思われるかもしれませんが、株価の急落時には1

（図10）米国株の運用ルール例

▶運用ルール
①S&P500が高値から20%下がったら、米国株用の資金の4分の1を使って買う
※S&P500が高値から20%下がらずに調整を終えて高値を更新したときはすみやかに米国株用資金の100%を使って買う
②S&P500が高値から30%、40%下がったら、それぞれ米国株用の資金の4分の1ずつを使って買う
③S&P500が高値から50%下がったら、米国株用の資金をすべて使って買う

▶ラチェット（歯止め）
①FRBが名目成長率を4%以上上回る水準まで政策金利を引き上げた場合は米国株のすべてを処分する
②米国REIT指数が高値から20%以上下落した場合は米国株のすべてを処分する
③FRBやECBへの信任が失われるような政策の失敗があった場合は米国株のすべてを処分する

～2年かけて上昇してきた値幅を数日で失ってしまうことも珍しくはありません。そのときにあらかじめ保有株を処分していれば、底値で拾うチャンスが訪れて、資産を増やすことができます。「休むも相場」と格言にあるように、株式市場で運用するには、ときに全面撤退することも重要な選択肢のひとつだと心得ましょう。反対にラチェットをかけて処分したのに急落しないこともあるでしょう。そのときは再び値位分散しながら買えばいいだけです。

先ほどの図9の運用ルールでは、相場ローテーションにもとづく米国の政策金利と米国不動産を見ながらのラチェットのほか、アベノミクス失敗によるラチェットもかけました。アベノミクスのラチェットは恒久的なもので

はありませんが、時代や環境によって必要なラチェットが変わる、ということの一例として示しています。外国株運用での運用ルール（図10）ならば、「ＦＲＢやＥＣＢの政策が失敗した場合は保有株をすべて処分する」といったラチェットでも構わないでしょう。今は中央銀行がコントロールしている相場だからです。

最後に為替の運用方法についても言及しておきましょう。

為替は相場ローテーションの中でもっとも遅れて動きます。特に米ドル／円は、ユーロ／米ドルの転換からさらに遅れて転換する傾向がありますから、天底をいち早く見極めて売買する必要はありません。米国の金融政策の動向を見ながら、ユーロ／米ドルの転換を待ってから、資産を循環させても充分に間に合うのです。ＦＸではピンポイントに天底を見極めようとしてしまう人が多いようですが、アセット・ローテーションであれば、大きな流れをとらえられればよいのですから、ＦＲＢが金融政策を引き締めに転じさせたのを確認してから、時間を分散させながら資産をゆっくりとローテーションさせていくといった考え方でよいでしょう。

スイス・フランが固定相場制へと回帰したことによってローテーションを崩したように、相場ローテーションは絶対ではありません。しかし、相場に循環があり、ある相場の循環が異なる相場の循環を促すといった相場ローテーションの概念は変わりません。相場ローテーションを資産運用に取り入れることで、日本株も国際分散投資も効率性を高められるはずです。

あとがき

本文の中に収まりきれなかったお話を、最後に2つご紹介したいと思います。それぞれ株式投資における銘柄選択をする上で、実際に私が体験した正反対の話です。

自分の直感を信じた銘柄：アサヒグループホールディングス（2502）

1987年の春、それまで株式投資などやったこともない私は、今では信じられない話ですが、何の経験もないのにいきなりファンドマネジャーに抜擢されました。もちろん、厳しい研修を何時間も受け、ベテランの先輩たちにアドバイスをもらいながら運用するという前提つきの話ですが、それでも最初の頃は毎日が無我夢中で、足が地につかないような感覚でした。

ある日のことです。ある先輩が自分で銘柄を発掘してみろ、と私に迫りました。勉強してきた通りのやり方で、業績が良く、株価が割安に見えるものをいくつか拾って差し出すと、こんなのじゃダメだ、と突き返されました。それで今度は、著名なアナリストのレポートを片っ端から集め、めぼしい銘柄を拾って差し出すと、何も言わずにゴミ箱に捨てられてしまいました。夢物語を描いてもダメ、流行りだした資産価値の高いのもダメ、と一体何が正解なのかわからないまま、私は途方に暮れていました。

そんな日が続く中、友人と一緒に仕事終わりに行った居酒屋での話です。いつものように生ビールをジョッキで注文した私は、ごくりと飲み干した後、心の底から叫んでいました。

「あぁ、うまい！」

そこで初めて気づきました。そのビールはその年から売り出されていた〝アサヒスーパードライ〟だったのです。当時、まだアサヒは王者キリンのはるかに後塵を拝す弱小ビールメーカーであり、スーパードライは、後に起死回生の起爆剤になった商品でした。

翌日、何の資料も持たずに前日の居酒屋での1コマを先輩に話すと、先輩は初めて笑って、

「それでいこう」

と、OKを出してくれました。OKを出した後で、詳しいデータを調べて持ってくるように私に命じたのです。

こういう経験はその後も何度も起こりました。食品でも、電化製品でも、車でも、消費者が実際に自分で選ぶ基準は自分自身であり、その時、その商品が自分の琴線にふれるかどうかが、株式投資を行ううえでは、初心者にとっても専門家にとっても一番大事なところです。

また、広く景況感を感じるときにも、1人の消費者としての体感はすこぶる重要なことです。街を歩けば色んな光景が目に飛び込んでくるでしょうし、その光景には実に様々な情報が含ま

れています。直感にまずは耳を傾け、そこから判断材料を集めて最後は自分で決断する、という手順がいつの時代にも有効であると思います。

自分では理解できないまま、不可思議な魅力に取りつかれた銘柄：エムスリー（2413）

さて時代は移り、今度は2004年9月、当時流行の新興企業に集中的に投資するというヘッジファンドを立ち上げた時の話です。私は毎日のように証券会社から送られてくるレポートと格闘し、時間があれば、まだ数が少なかった中小型株を専門とするアナリストとのミーティングに時間を費やしていました。

そんなある日のこと、とある証券会社が新規公開株（IPO：Initial Public Offering）の案件を持ってきました。ソネット・エムスリー（上場時のエムスリーの正式名称）という近々東証マザーズ市場に上場する会社でした。

ソネットとは、ソニーが作ったインターネット・プロバイダーの会社。それがまた今度は何か手を変えて新しい事業をするんだろうな、とは思いましたが、エムスリーとは何なのか見当がつきませんでした。米国に3Mという巨大化学企業があるのですが、これと一緒に何か始めるのかな、なんてバカなことも考えたりしていました。

話をよく聞けば、全く違いました。確かにソニー系列のソネット・エンタテイメントの出資を仰いではいましたが、この会社の中身は医療関連サービスに属します。何をするのかと言えば、医薬品業界に存在する秘匿性（医療従事者以外の方の目に触れてはならないという特異な業界ルール）に目をつけ、これをぶち破る手段としてインターネットを用いた新たな情報チャネルを創出するというものでした。

しかし、そういった〝ぶち破る〟とか〝革新する〟などと言う言葉は、言うは易し行うは難しの典型で、往々にして現実性に欠けるものです。証券会社のアナリストの話を聞いても一向にラチが明かず、結局、私はエムスリーの担当者にそれを質問することで、ようやく核心となる答えに近づくことができました。

それまで知らなかったことなのですが、医薬品業界にはＭＲ（医薬品情報担当者）という専門家がおよそ8万5０００人存在し、これが医薬品情報の伝達手段のメインチャネルとなっています。このＭＲと呼ばれる人たちが30万人程度の多忙な医師と面会し、最新の医薬品の情報を説明するのですが、多忙なお医者さんの時間の合間を縫って、人海戦術で伝達していくのは、時間的にも金銭的にも大変非効率です。お医者さんにとっても、有益な医薬品情報を入手したいと願いながらも、機会が十分に得られないという不満な状況が長く続いていたのです。

この情報伝達の非効率性を解消し、同時に大幅なコストダウンを図るというのが、エムスリーの開発した会員制医療専門サイトだったのです。

しかし私はいくら聞いても、このエムスリーのビジネスモデルが、最初は良くわかりませんでした。一体、どうやってお金を稼いでいるのか、そもそもどうやって顧客から課金しているのか、なんでこんな短期間で急成長を遂げたのか、そんなうまい話があるわけないだろう、というのが正直な感想だったのです。それもそのはずです。これは、当時日本にも世界にも無かったビジネスモデルでした。実際、エムスリーは自分たちのビジネスモデルを特許申請して認可を受けていますが、インターネットを使ったビジネスモデルに特許が認められたのは、日本ではエムスリーが初の事例なのです。

結局、私にはエムスリーの企業価値が将来どのように伸びていくのかイメージすることは出来ませんでした。しかし、私にはわからない仕組みが医薬品業界に存在し、さらにこれを私にはわからないやり方で打ち破り、業界に大変革をもたらすのだ、というこの会社のビジョンだけは明確にわかりました。私は半信半疑のまま、何かわけのわからない魅力に取りつかれ、この銘柄に投資することにしました。これは大正解でした。

２０１３年度のエムスリーの売上は３６９億円、経常利益１２９億円、純利益83億円と言う堂々たる結果です。上場来ずっと10％以上の増益を続けています。最近では海外への事業展開、事業そのものの多角化に成功しているようです。２０１４年８月末現在、時価総額５８８１億円、ピカピカの東証一部銘柄です。

では、いったい何がエムスリー躍進の鍵になったのでしょうか。

これは後になってわかったことですが、エムスリーの最大の事業価値は、製薬会社のマーケティングコストの最適化だったのです。会員制サイトというところに気が取られて、私は本質を見誤っていました。エムスリーには現在20万人以上もの会員（お医者さんです）が存在します。これはマーケティングを行う際の母集団としては、ほぼ市場全体を表すと言って良い数であり、これが製薬会社にしてみれば垂涎の的なのです。実際、多くの製薬会社がエムスリーに高額の費用を払い、マーケティングの柱としています。

ところで、エムスリー以降、時代はフェイスブックなどのＳＮＳ（ソーシャル・ネットワーク・サービス）へと向かいます。これも会員からは一切の課金がないまま、広告収入などの力で収益を上げてゆくモデルですが、フェイスブックの場合、何せ会員数が13億人という、とてつもない規模です。これはさすがに規模が大きすぎますし、そもそも異なるマーケットを相手にしているため単純な比較はできませんが、エムスリーはその仕組みにおいて時代の先頭を走っていた会社であったことは確かです。

不可思議な魅力に取りつかれたことは、決して間違いではありませんでした。

期待以上の成果をもたらす小さな奇跡

さて、アサヒとエムスリー。全く業容の異なる2つの企業について、私なりのかかわり合いを説明してきましたが、如何だったでしょうか。自分の直感を信じた企業と、自信を持って決断するだけの理解が出来なかった企業の2つを説明しましたが、実はこの2つには共通するポイントがあります。

賢明な読者はもうお気づきかもしれませんが、それは両社ともに、既存の業界秩序に〝取って代わる〟ことに成功した会社であることです。

何事も結果が出てから理由を説明するのは簡単なことですが、その変化が進行する前にそれを予想することは至難の業です。誰もそんな大それたことを予想し、期待して日々働いているわけではない。あの頃のアサヒグループホールディングスの社員も、まさか本当に王者キリンを上回る出荷量が実現できると思って働いてはいなかったでしょうし、エムスリーの創業者たちも、本当に日本の、いや世界の医薬品業界がこれで本当に変わっていくとは思わなかったでしょう。小さな奇跡と言うのは、こうして日常生活のあちらこちらに、それが見える人の前にだけ起こりうるものなのです。

最後の最後に、本当に重要なメッセージについに辿りつきました。株式投資の醍醐味がここにあります。誰がアップルの復活を予想したでしょう。誰がソフトバンクの成功を予想したでしょう。もっと言えばアベノミクスにしろQE3にしろ、人間というのは誰しも疑い深く、容易に人の言うことを信じるものではありません。それでもごく少数かも知れませんが、人々の暮らしや営みがより良いものとなることを願って資本を投じる人間がこれまでもいたし、これからも地球上に存在し続けることは間違いありません。

あっという間に、もう紙面が尽きてしまいました。できるだけ楽しく明るくわかりやすいものを目指して書いたつもりですが、うまく伝わらないところがあったならば、それはひとえに我々の責任です。

それでも何とか最後まで読んでくださった方には、もうそれだけで感謝感激です。更に読み終わった後、〝よし株式投資を始めてみようか〟と思い立って下さる人が現れたならば、こんなにうれしいことはありません。もちろん、この本の続きは、これからのテレビやラジオやセミナーでフォローしてゆくつもりです。

なお本書の出版にあたり、夜を徹して編集作業にあたってくださった新井奈央さん、高城泰さん、山田仁さん、そして宝島社の宮下雅子さん、本当にありがとうございました。

どうぞ、読者のみなさまの未来が明るいものでありますように。さようなら！

2014年9月

岡崎良介

岡崎良介（おかざき・りょうすけ）

1983年、慶應義塾大学経済学部卒。伊藤忠商事に入社後、米国勤務を経て、1987年に野村證券投資信託委託（現・野村アセットマネジメント）に移りファンドマネジャーとなる。1993年からバンカース・トラスト信託銀行（現・ドイチェ・アセットマネジメント）入社、運用担当常務として年金・投信・ヘッジファンドなどの運用に長く携わる。2004年、フィスコ　アセットマネジメント（現・ITCインベストメント・パートナーズ）の設立に運用担当最高責任者（CIO）として参画。2012年7月、独立し『マーケット・アナライズ』代表となる。GAIA株式会社投資政策委員会メンバー。2013年５月より日経CNBC経済解説部コメンテーター。

鈴木一之（すずき・かずゆき）

1983年、千葉大学卒。大和証券入社後、1987年に株式トレーディング室に配属され、以降ほぼ一貫して株式トレードの職務に従事。1990年前後のバブル発生期から崩壊後まで、相場の最前線で活躍。2000年5月からインフォストックスドットコム、リサーチ部チーフアナリスト。2008年1月よりフィスコ客員アナリスト。2012年より、岡崎・鈴木パートナーズ代表。テレビ、ラジオ、新聞、マネー誌等でも活躍中。日本証券アナリスト協会検定会員。主な著書に『これならできる！ 有望株の選び方』（日本経済新聞出版社）、『きっちりコツコツ株で稼ぐ中期投資のすすめ』（日経ビジネス人文庫）など。

STAFF

編集協力／新井奈央、高城泰、株式会社カイジ

デザイン／池上幸一

DTP／G-clef

イラスト／迫ミサキ

チャート提供／楽天証券

図解でわかる！ 儲かる！ 株の教科書

2014年10月17日　第1刷発行

著者　岡崎良介・鈴木一之

発行人　蓮見清一

発行所　株式会社 宝島社

〒102-8388　東京都千代田区一番町25番地

電話[営業]03-3234-4621　[編集]03-3239-0646

http://tkj.jp

振替＝00170-1-170829（株）宝島社

印刷・製本　サンケイ総合印刷株式会社

ISBN978-4-8002-3142-0